Les Rabelados du Cap-Vert

L'histoire d'une révolte

© L'Harmattan, 2010
5-7, rue de l'École-Polytechnique ; 75005 Paris

http://www.librairieharmattan.com
diffusion.harmattan@wanadoo.fr
harmattan1@wanadoo.fr

ISBN : 978-2-296-12183-6
EAN : 9782296121836

Françoise ASCHER

Les Rabelados du Cap-Vert

L'histoire d'une révolte

Préface d'Antonio Correia e Silva
Historien, recteur de l'Université du Cap-Vert (UNICV)

L'Harmattan

Remerciements

Avec ma profonde gratitude à l'historien Antonio Correia e Silva, recteur de l'Université du Cap-Vert, qui a accepté de valider le texte de cet ouvrage et d'en rédiger la préface. Merci tout particulièrement au député Joao do Rosario qui m'a accompagnée en qualité d'interprète au cours de ma démarche d'investigation. Sans oublier Elmidou Lopes, Luis Mendes et Idrissia Pereira pour leur assistance à la traduction du Portugais au Français de certaines études et archives.
F.A.

Cet ouvrage a été publié avec l'appui du Service de coopération et d'action culturelle de l'Ambassade de France au Cap-Vert et le concours du Centre Culturel Français de Praia.

À ma famille,
À mes amis Betty et Joao do Rosario,
Et à tous ceux qui, à travers cette enquête,
m'ont ouvert les portes du "petit pays".

Préface

Les études sur le mouvement des Rabelados datent de l'époque de la colonisation, notamment celle de Julio Monteiro, ou bien elles sont marquées par une vision politique du phénomène, composée de préjugés naturels aujourd'hui révolus. Force est aussi de constater une tendance à écrire sur un sujet en faisant table rase du passé, c'est-à-dire en privilégiant la vérité du chacun pour soi. Avec cet ouvrage, l'auteur fait l'effort d'un inventaire bibliographique. Son mérite réside dans la tentative de synthétiser les textes existants vis-à-vis de cette communauté, de les exploiter en confrontant les points de vue des auteurs et de les croiser avec des témoignages de personnalités capverdiennes ou d'ailleurs. Enfin, l'étude essaye une innovation du point de vue d'une interprétation plus intégrale et plus intégrative du phénomène.

Naturellement, on s'attend à ce qu'une étrangère, sans a priori sur les Rabelados, soit attirée par l'opportunité de découvrir les derniers sauvages de la terre et d'exploiter leurs différences. Mais cette étude ne va pas dans ce sens. Je pense que l'idée forte, c'est aussi ce refus de l'exotisme et d'une analyse des Rabelados comme une curiosité rare et bizarre, découverte au XXe siècle. On y trouve une explication et un effort de renseigner un problème sociologique… que des voyageurs auraient pu tout aussi bien constater à la fin du XVIe siècle !

Dans la littérature capverdienne, il existe déjà plusieurs tentations d'appréhender les Rabelados comme un mouvement hors du temps et de l'ordre du monde, ou alors comme un épiphénomène résistant à la modernité et forcément condamné. A contrario, l'auteur mène une étude sociologique sur une manifestation d'acteurs paysans opposés à la pression coloniale. On sent une attitude de compréhension du phénomène à partir d'une résistance de la société au changement, et un projet d'interprétation dans lequel des acteurs sociaux ayant des stratégies de préservation de leur identité, expriment en même temps une volonté de maximiser des intérêts différents d'autres acteurs. Les évènements sont traités comme un phénomène historique avec une logique propre qui s'explique dans une évolution des structures sociales et dans un contexte politique déterminé. Et donc sous cet éclairage sociologique, la révolte des Rabelados se révèle naturelle. Bien sûr, ce parti pris d'expliquer la formation du mouvement, de souligner non pas l'exotisme mais les étapes de son développement, risque de choquer ceux qui perçoivent les Rabelados comme un épiphénomène.

Les préoccupations de classification du statut disciplinaire résultent d'une sorte de réflexion convenue. Ici, c'est tout le contraire d'une approche de l'académicien qui va réaliser une analyse prédéterminée des choses à partir d'une vue parfois toute faite des événements. Je pense que l'auteur a été attiré par un phénomène en qualité de journaliste, mais qu'elle a cherché des moyens et des instruments conceptuels, historiques et sociologiques pour exprimer les choses. Il n'y a pas de compromis disciplinaire qui implique des concepts de travail a priori, comme pour un sociologue ou un anthropologue par exemple. L'auteur a cheminé dans une approche complètement légitime, rencontrant des gens pour chercher à comprendre les faits et en fonction de cela, se sont imposés des moyens, quelques concepts et des logiques. Le phénomène des Rabelados s'avère difficile à classer car il s'agit d'un problème d'hommes mais fiable à expliquer.

Il existe un nationalisme né dans le passé, qui veut que pour écrire sur le Cap-Vert, il faut avant tout être un

Capverdien. Il convient d'oublier tout cela ! L'intérêt pour nous, c'est précisément ces regards extérieurs sur le pays, qui viennent d'une autre réalité et qui peuvent exploiter les avantages d'être hors du Cap-Vert.

Il existe au fond de nous tous, une idée de fin de l'histoire ! La nation capverdienne a commencé avec l'esclavage, la rencontre des peuples, etc. Après une lente évolution, elle accède à des eaux plus calmes. Mais c'est une illusion de penser qu'une société puisse parvenir à un stade stable et définitif. Les nations s'apparentent à des volcans plus ou moins actifs, avec des moments de réactions qui viennent troubler l'ordre établi, parfois de façon tragique. Elles sont très créatives dans l'élaboration de nouvelles identités. Au sein de la société capverdienne, les Rabelados ont constitué un phénomène de réaction au changement dans une direction, mais on va continuer à rencontrer d'autres manifestations de la part des acteurs régionaux, religieux, des jeunes, etc. Ainsi, la société est en train de se coaliser avec l'arrivée des émigrants, et cette interaction va donner lieu à de nouvelles évolutions. Aujourd'hui, les 35 ans de l'indépendance du pays marque une étape, mais la société va continuer à bouger…

De la même façon dans le passé, les Rabelados ont fait l'objet d'une tentative d'intégration forcée dans la société, basée sur la menace et la condamnation morale. À l'heure actuelle, les relations s'appuient sur un respect mutuel. Je pense que cette évolution des mentalités de part et d'autre offre une réelle opportunité d'adaptation car il s'avère impossible et non souhaitable, de maintenir cette communauté dans une représentation artificielle. Les Rabelados produisent de l'art, des spectacles de musique et de danse. Ils connaissent un changement de génération et malgré une certaine superstition, les jeunes voyagent au-delà des mers. Tout cela entraîne des changements conflictuels aussi au sein de la communauté, mais qui vont produire un nouveau stade. Donc l'histoire continue. Il n'y a pas de fin de l'histoire !

Antonio Correia e Silva,
Historien, recteur de l'Université du Cap-Vert (UNICV)

Les témoignages recueillis

Akibodé - Charles Akibodé, historien, géographe, chercheur, Praia

Almada - David Hopffer Cordeiro Almada, avocat et député national, Praia

Andrade - Alvaro Ludgero Andrade, administrateur Radio Télévision Capverdienne (RTC), et sa mère Isaura Andrade, Eglise du Nazaréen, Praia

Andrade - Agnelo Viera de Andrade, fils de l'administrateur de Sao Felipe (années 1960), et sa grand-mère Filo, 105 ans, île de Fogo

Andrade - Elisa Andrade, historienne et économiste, professeur à l'Institut supérieur de l'éducation (ISE), Praia et Paris

Baleno - Ilido Baleno, historien, Palais de la Présidence de la république, Praia

Barbosa - Kaka (Carlos Alberto) Barbosa, député national, écrivain, poète, Praia

Borja - Orlando Borja, anthropologue, Commission nationale des droits de l'homme, Praia

Borges - Claudino Borges, professeur, Calheta

Cabral - Iva Maria Cabral, écrivain, directeur du Service de documentation et d'information parlementaire de l'Assemblée nationale, fille d'Amilcar Cabral

Cabral - Mario Cabral, journaliste, réalisateur de films, Télévision Cap-Vert (TCV)

Cabral - Nelson Eurico Cabral, sociologue, consultant, Praia et Paris

Cachada - Padre Antonio Sa Cachada, Spiritain, Sao Domingos, 80 ans

Cahen - Michel Cahen, historien, chercheur au Centre National de la Recherche Scientifique (CNRS), décédé en 2009, Bordeaux

Cardoso - Gaudino J. Tavares Cardoso, anthropologue, journaliste, Ministère des Affaires étrangères

Carvalho - Luis Carvalho, journaliste, administrateur Impresa nacional de Cabo Verde, Praia

Constantine - Padre Constantine, Santa Catarina

Correia - Julio Correia, sociologue, député et Vice-président de l'Assemblée nationale, Praia

Costa - Custodio da Costa, assistant du prêtre, paroisse Santo Amarro Abade, Tarrafal de Santiago

Coulon - Père Paul Coulon, Congrégation du Saint-Esprit, Chevilly-Larue (94)

Ferreira - Padre Ferreira, Calheta.

Ferreira - Pasteur Aderito Ferreira, Eglise du Nazaréen, Praia

Figueira - Manuel Figueira, peintre, professeur de l'Institut de la Culture nationale, Mindelo

Furtado - Andre Furtado, professeur, Sao Miguel

Furtado - Claudio Alves Furtado, sociologue, professeur et président du Conseil scientifique de l'Université du Cap-Vert, Praia

Gonzalves - Maria de Lourdes Silva Gonzalves, diplômée en sciences sociales, responsable du Musée de la Tabanka, Centre culturel d'Assomada

Graça - Camilo Querido Leitao da Graça, sociologue, diplomate, Ministère des Affaires étrangères, Praia

IMA - Padre IMA - Padre Antonio Manuel Monteiro Silves Ferreira, dit Padre IMA, Sal

Joao - Padre Joao Augusto Mendes Martins, dit Padre Joao, chancelier de l'Eglise pour l'Afrique, Praia

Landim - José Jorge Viriato Mendes Landim, délégué à l'Education, Concelho de Sao Miguel

Leite - Agnelo Milo Leite, secrétaire administratif du Conseil de Tarrafal (années 1960), puis de Santa Catarina, et sa femme Maria, Mindelo

Leite - David Leite, attaché culturel, Ambassade du Cap-Vert, Paris et Mindelo

Lima - Humberto Lima, historien, anthropologue, directeur des Archives nationales, Praia

Lobban - Richard Lobban, chercheur, professeur d'anthropologie, Rhode Island College, USA

Lopes - Amaro Soares Lopes, habitant Chao Bom, Tarrafal de Santiago

Lopes - José Duarte Lopes, 92 ans, charpentier, études au Séminaire-Liceu, Ribeira Brava, Sao Nicolau

Lopes - Leao Lopes, directeur de l'Ecole d'architecture (M-EIA), ancien Ministre de la Culture et de la Communication, réalisateur de films, artiste plasticien et designer, Mindelo

Loude - Jean-Yves Loude, ethnologue, écrivain, Lyon

Maino - Elisabetta Maino, chercheur, chargée de cours à l'INaLCO, Paris

Manya - Judith Manya, chercheur, IEP Bordeaux / FCT

Maoro - Frère Mario Maoro, Capucin, 85 ans, Séminaire-Liceu, Sao Nicolau

Mathieu - Frère Luc Mathieu, Franciscain, théologien, Couvent Saint-François, Paris

Martins - Pedro Martins, architecte, urbaniste, ingénieur, président de Arquitectos Pedro dos Reis Martins, Praia

Massa - Jean-Michel et Françoise Massa, professeurs émérites de Portugais, Université de Rennes 2, Paris et Mindelo

Misa - Maria Isabel Alves dit Misa, artiste plasticienne, poète et activiste culturelle, Praia et Pedra Badejo

Monteiro - Emmanuel Monteiro, député national et diaspora, Praia

Monteiro - Filomène Monteiro, professeur d'histoire, Eglise du Nazaréen, Mindelo

Monteiro - Pasteur José Monteiro, Eglise du Nazaréen, Paris

Pereira - Regina Pereira, fille du Padre Joaquim Furtado, Praia

Pina - Ana Pina, bibliothécaire, économiste, Centre culturel français, Praia

Polska - Polska, sculpteur plasticienne, Paris

Rodrigues - Moyacir Gabriel Rodrigues, historien et professeur, Mindelo

Rosario - Faust do Rosario, écrivain, Fogo

Rosario - Joao do Rosario, ingénieur, député national, ancien Consul de France, Mindelo

Sanches - Joachim Sanches, sacristain, 75 ans, paroisse Santo Amarro Abade, Tarrafal de Santiago

Sanches - Padre Sanches, ancien padre de la paroisse de Tarrafal de Santiago (1974-76), paroisse de Sao Felipe, Fogo

Santos - Catarina Madeira Santos, historienne, maître de conférences, Ecole des hautes études en sciences sociales (EHESS), Paris

Santos - Fernando Jorge dos Santos, journaliste, Sao Nicolau

Semedo - José Maria Semedo, géographe, écologiste, professeur à l'Institut supérieur de l'éducation (ISE), Praia

Semedo - Manuel Brito Semedo, anthropologue, professeur à l'Institut supérieur de l'éducation (ISE), Praia

Silva - Antonio Leao de Aguiar Cardoso Correia e Silva, sociologue, historien, recteur de l'Université du Cap-Vert (UNICV), Praia

Silva - Jorge Silva, théologien, professeur de philosophie, Mindelo

Silva - Luiz Andrade Silva, sociologue, Mindelo et Paris

Silva - Tomé Varela da Silva, philosophe, anthropologue, IIPC, Praia

Silveira - Onésime Silveira, docteur en sciences politiques, député et diplomate, écrivain, Mindelo

Soccoro - Pasteur Fontes Soccoro, Eglise du Nazaréen, Mindelo

Spinola - Daniel (Danny) Euricles Rodrigues Spinola, journaliste, écrivain, responsable de la Communication au Ministère de la Culture, Praia

Tanhinho - Nhô Tanhinho, 105 ans, habitant de Sao Miguel

Tchetcho - Moïse Lopes Pereira dit Tchetcho, actuel chef des Rabelados, Espinho Branco

Veiga - Manuel Monteiro da Veiga, Ministre de la Culture et de la Communication, linguiste, spécialiste pour la langue créole, Praia

Viera - Père Gérard Viera, archiviste générale des Spiritains, Congrégation du Saint-Esprit, Chevilly-Larue (94)

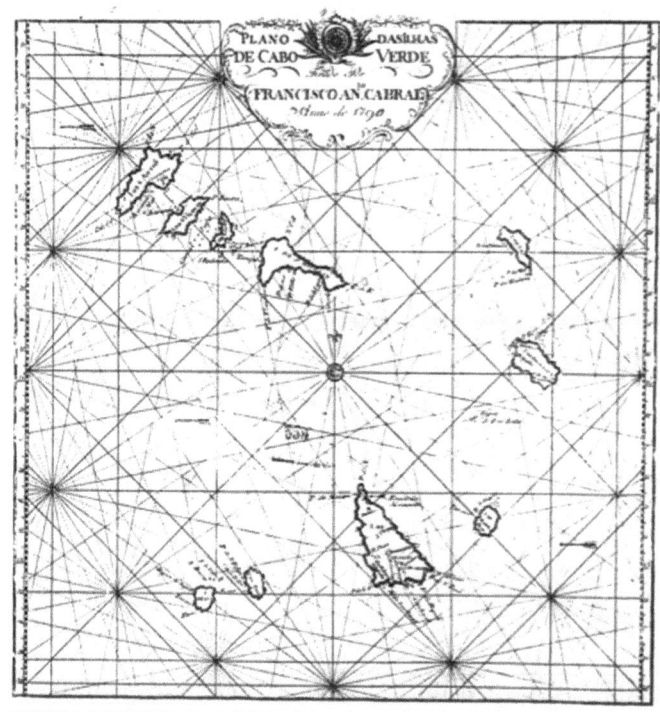

Archipel du Cap-Vert -
Carte ancienne de navigation
(doc. Centre culturel Calouste Gulbenkian)

Archipel du Cap-Vert -
Carte de l'esclavage (doc. Antonio Carreira)

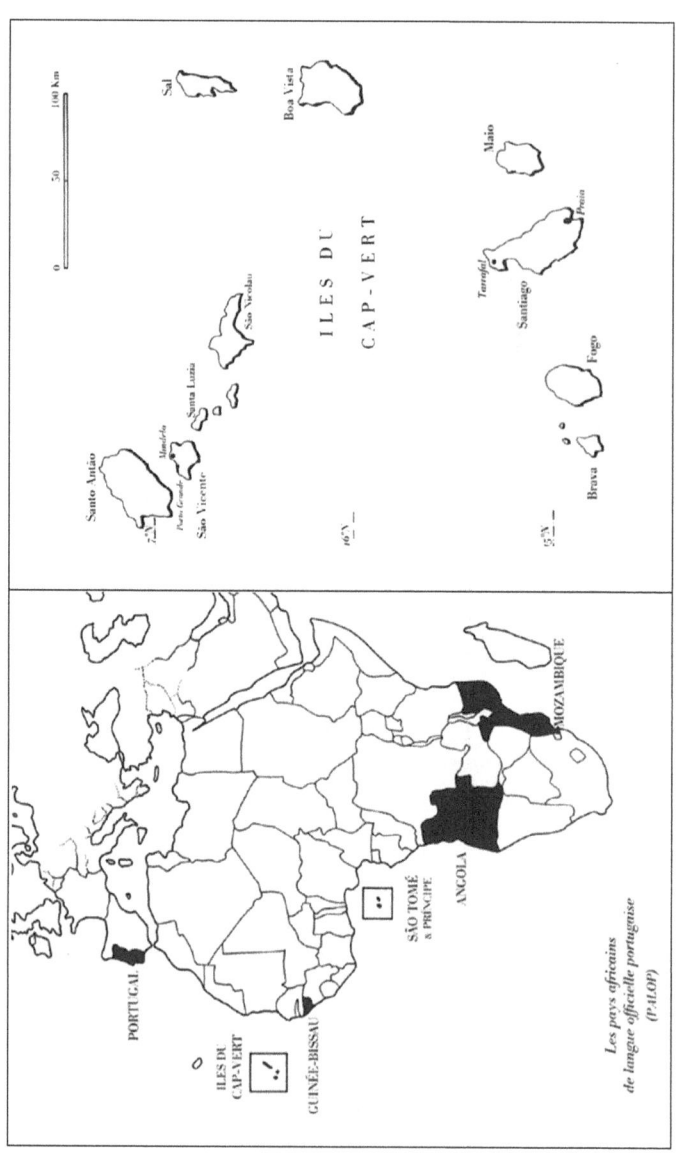

Archipel du Cap-Vert -
Carte géographique (doc. Armelle Enders)

CHAPITRE I

Les années 1941-1961
Mise à jour du phénomène Rabelados

« On ne peut comprendre les actions humaines hors de leur système de valeurs et de croyances »
Max Weber

Les faits

Novembre 1941. Archipel du Cap-Vert, à 500 km au large du Sénégal en plein Océan Atlantique. Sous la dictature fasciste de Salazar, cinq Pères missionnaires de la Congrégation du Saint-Esprit et le nouvel Évêque du Diocèse débarquent à Santiago, l'une des neuf îles habitées de cette colonie portugaise. Chargés d'imprimer un renouveau à l'Église catholique, ils vont introduire plus de rigueur dans l'apostolat et les sacrements. Certaines coutumes et rites religieux enracinés dans la tradition populaire avec l'appui des anciens prêtres, sont interdits. Ceux que l'on va dénommer *Rabelados* ou rebelles, refusent les nouveaux prêtres en soutane blanche. En 1959, le Père J. E. Moniz craint une propagation du mouvement au sein de la population et sollicite l'aide de l'administrateur du Conseil de Tarrafal où se situe l'affaire, en mentionnant le nom des individus les plus influents. Ce dernier alerte les autorités coloniales.

En 1961, la situation s'aggrave. Le recensement de la population et la démarcation des propriétés rustiques décidés par le Gouvernement central en 1955, sont réalisés conjointement, sans ménagement des habitants. L'année suivante, ont lieu des campagnes de lutte contre la malaria et la pulvérisation de DDT à l'intérieur des maisons, sans aucune explication ni justification. Parallèlement, des équipes sanitaires effectuent des prises de sang pour détecter les populations contaminées et vaccinent contre le BCG. Ce qui au départ ne constitue qu'une protestation religieuse spontanée, va revêtir une dimension politique.

Depuis 1936 en effet, le mouvement littéraire *Claridoso* traduit l'éveil d'une culture nationale capverdienne, tandis qu'avec la génération d'Amilcar Cabral, les luttes armées pour l'Indépendance ont commencé dans les autres colonies d'Afrique lusophone, notamment en Angola, au Mozambique et en Guinée. Pour les autorités coloniales, il est clair que, sous le couvert de groupes religieux, les communistes préparent la libération nationale… En vérité, le phénomène des Rabelados relève d'un mouvement de résistance sociale et culturelle beaucoup plus ancien, donnant lieu encore aujourd'hui à un syncrétisme religieux unique au Cap-Vert. Décryptage.

Une conjoncture politique assimilée à celle du Portugal

Selon le géographe et écologiste José Maria Semedo, l'histoire du Cap-Vert jusqu'à son Indépendance le 5 juillet 1975, doit s'appréhender comme la réplique élargie de la situation au Portugal. Pour l'époque des faits, il faut revenir à une première flambée de libéralisme liée à la Philosophie des Lumières[1] et aux ferments de la Révolution Française. En 1834, ce mouvement a conduit à des persécutions contre les moines, frères et prêtres, ainsi qu'à la suppression des ordres religieux dans la métropole portugaise. En 1901, une nouvelle poussée anticléricale de la part des Libéraux et des

---

[1] Synonyme de XVIIIe siècle européen, ce mouvement intellectuel, culturel et scientifique se veut éclairé par la lumière des connaissances acquises par l'expérience, et non plus par l'illumination divine.

Francs-maçons renverse le régime monarchique exténué et fait triompher la République en octobre 1910. Aussitôt, le nouveau gouvernement s'identifie à la lutte contre l'Église et rompt ses relations avec le Vatican. Tous les couvents, monastères et collèges gérés par des religieux, sont fermés et nationalisés. Les registres de l'Église sont confisqués et confiés aux mairies. Les évêques sont chassés, les prêtres bannis et les églises pillées.

Faisant suite aux lois françaises de 1905, la Loi de séparation de l'Église et de l'État est promulguée en avril 1911. Le texte instaure la liberté de tous les cultes, confisque les biens de l'Église et établit la tutelle de l'État laïc sur le clergé. L'enseignement religieux est supprimé dans les écoles. L'enregistrement civil devient obligatoire et le divorce est autorisé.

Cependant, l'anticléricalisme de la législation républicaine - qui ne s'accompagne d'aucune réforme sociale - se retourne contre la République. Dès 1922, le ministre des Finances Antonio de Oliveira Salazar pourtant Franc-maçon, exploite cette situation pour accéder au pouvoir. Président du Conseil de 1932 à 1968, il va diriger un régime autoritaire, conservateur et nationaliste, fondé sur la doctrine d'un État fort et qui va se prolonger jusqu'à la Révolution des œillets du 25 avril 1974[2].

Créé en mars 1933, l'*Estado Novo* favorise surtout le catholicisme et prône l'anticommunisme. Parmi les mécanismes de répression, la police politique voit ses attributions élargies. En 1945, elle devient la Police Internationale et de Défense de l'État (PIDE). Formée par la Gestapo puis par la CIA, elle est chargée de chasser les opposants au régime, employant les formes les plus raffinées

---

[2] Ce jour-là, des capitaines de l'armée portugaise en rupture avec le système de Salazar prennent le pouvoir et le rendent aux civils pour mener la politique des "trois D" : démocratiser, décoloniser et développer.

de la torture. À Santiago, le camp de Tarrafal constitue un symbole de la persécution. C'est dans cette Île du Cap-Vert que sont incarcérés des prisonniers politiques portugais, puis sous l'autorité de l'administration locale, des détenus de droit commun capverdiens à partir de 1956. Pour sa part, l'Acte colonial de 1930 incorporé à la Constitution de 1933, codifie et centralise l'Administration des "Provinces" d'outre-mer en introduisant des principes ultranationalistes.

On est à la veille de la seconde guerre mondiale. Pour le nouveau régime qui choisit de rester neutre, donc isolé, il s'avère urgent de remobiliser les énergies au sein d'une Nation Unique. En pratique, l'accès direct aux colonies est bloqué. Tout contact avec l'extérieur est soumis au contrôle de la Métropole par l'intermédiaire d'un Gouverneur général placé au sommet de la hiérarchie administrative. Quant au rapprochement de Salazar avec le Saint-Siège (Pie XII), il se traduit par le Concordat du 7 mai 1940 et l'Accord missionnaire signé à cette occasion. Désormais, l'État subventionne l'action missionnaire et obtient en retour, que tous les évêques désignés par le Pape soient de citoyenneté portugaise, à l'instar des directeurs de séminaires et prêtres. L'introduction d'ecclésiastiques étrangers est permise mais soumise à la hiérarchie portugaise.

Après la crise mondiale des années 1920 et à l'ère des grands dictateurs, on voit bien que Salazar a instrumentalisé la religion pour étendre son pouvoir absolu dans les colonies. Quant à l'Église, elle a fait corps avec le nouveau régime et soutenu en bloc sa politique coloniale. Du moins jusqu'au début des années 1970 ! Loin de se mobiliser pour le respect des droits de l'homme, elle a songé avant tout à maintenir sa présence face à la concurrence puissante des Églises protestantes qui débarquent au Cap-Vert, à partir du début du XXe siècle !

Les résonances dans l'Archipel

Si ces changements concernent surtout l'élite capverdienne, il en va autrement de la religion. Dès le XIXe siècle, plus aucun missionnaire n'est envoyé dans les colonies. Créé en 1866, le Séminaire-Lycée de Sao Nicolau va permettre de former une génération de fonctionnaires capverdiens et une cinquantaine de prêtres natifs du pays. Mais en dépit de son statut ambigu mi-civil, mi-religieux, il doit fermer ses portes en juin 1917, faute de financements. De plus, l'installation de la résidence épiscopale dans cette île du nord de l'Archipel de 1778 à 1866, ainsi que celle du diocèse jusqu'en 1942, a privé la population de Santiago de l'autorité de l'Évêque. Le déclin de la foi va durer près de 30 ans. Déjà totalement désorganisée depuis 150 ans, l'Église est réduite au silence.

À l'arrivée des Pères Spiritains en 1941, le Diocèse de Santiago est en ruine. Selon un rapport de la Congrégation du Saint-Esprit du 10 mai 1943, l'Archipel comprend 30 paroisses, dont 18 sont dépourvues de prêtres. Parmi les dix prêtres séculiers présents, six ont de 63 à 74 ans et sept sont malades ! Quant à l'île de Santiago proprement dite, elle compte onze paroisses pour 77 192 habitants et un seul prêtre séculier de 66 ans. "Pour comprendre la tristesse du missionnaire, il faut avoir vécu parmi ces populations du Cap-Vert qui, avec un fonds religieux, croupissent dans l'ignorance des simples vérités religieuses," écrit l'Évêque D. Faustino Moreira le 13 mai 1943, en sollicitant du renfort en personnel au Supérieur général de la Congrégation du Saint-Esprit, en France[3].

Dans un rapport enregistré le 28 octobre 1961, le Père Spiritain J. P. de Oliveira constate pour sa part, que "la population du district comprend des Blancs, des Métis et une prédominance de la race noire, qu'à vrai dire il n'y a pas

---
[3] Voir Annexe II - Bibliothèques et institutions.

de païens dans le pays, mais une foule de gens qui vit comme des païens." Proches du peuple et parlant le créole, les prêtres natifs en soutane noire ou *Padre di terra*, se sont réappropriés leurs traditions et vivent en déviation morale. Souvent mal payés, ils s'adonnent au commerce. Passablement laxistes surtout dans le milieu rural, ils possèdent plusieurs femmes ou maîtresses, des enfants, et tolèrent le culte des ancêtres et les liturgies parallèles comme les *ladaïnhas*[4]. "Je n'ai jamais vu une terre où les curés fassent autant d'enfants, écrit Luis Romano dans Famintos[5]. Presque tous les gens d'ici ont du sang de prêtre et personne ne crie au scandale !" C'est le panorama que les Rabelados plus âgés ont toujours eu sous les yeux, note le sociologue Julio Monteiro dans son étude réalisée en 1962[6].

Pour faire face à la pénurie, les prêtres sont aidés par des catéchistes laïcs[7] souvent ignorants, dont la formation va constituer le travail le plus difficile des Pères Spiritains, ainsi que des missionnaires Salésiens et Capucins venus les aider à partir de 1943 et 1947. La rareté des communications qui constitue l'un des problèmes structurels les plus graves de l'Archipel, complique encore leur tâche. Elle va concourir à la confusion des faits associés au phénomène Rabelados. Ainsi en zone urbaine, le nouveau catéchisme est immédiatement intégré. En revanche dans les milieux ruraux, l'Administration coloniale et le Gouverneur général ne prennent conscience du choc de 1941 qu'à l'occasion des campagnes d'éradication du paludisme en 1961 !

---

[4] Voir Annexe I - Définitions.
[5] Voir Annexe II - Références bibliographiques.
[6] Cette étude sur la "secte religieuse" des Rabelados et sur ses implications politiques a été demandée par le Ministre d'Outre-mer portugais suite au rapport du Gouverneur et du Commandant de la Police de Sécurité Publique du Cap-Vert. Achevée en 1963, elle ne sera publiée qu'en 1974, soit à la veille de l'Indépendance. Voir aussi Annexe II - Références bibliographiques.
[7] Là où les prêtres sont en nombre insuffisant, les catéchistes ont toujours participé à l'évangélisation des communautés éloignées.

En fait, l'Église a utilisé l'administration pour tenter de dompter ceux qu'elle a qualifiés d'Incroyants. La population elle-même découvre leur existence au moment des dénonciations et des conflits avec l'administration, et va les toiser comme des Ignorants. Par ailleurs, le B se prononçant V en portugais, les autorités de Santiago parlent de Rebelle*s*, alors que les Rabelados se disent Révélés au sens de fondamentalisme religieux qui perdure encore aujourd'hui. Pour l'historien et recteur de l'Université du Cap-Vert Antonio Correia e Silva, cette situation équivoque va contribuer paradoxalement à renforcer une identité cachée chez les gens vulnérables et à stigmatiser les Rabelados. Tout comme en son temps, l'Inquisition a créé les juifs en les faisant se déterminer encore davantage !

Une révolte a priori religieuse

Avant de s'éteindre le 10 avril 1940, le Padre Joaquim Furtado, dernier prêtre de terre, a "semble-t-il", laissé la consigne de ne pas accepter les nouveaux prêtres vêtus comme des agneaux, en réalité des faux prophètes avec des chaînes du diable (chapelet en plastique noir) prétendant changer l'esprit du peuple. Dans son étude[8], Julio Monteiro rapporte que certains Rabelados lors de leur arrestation, ont cité des passages de la Bible relatifs à l'arrivée de faux prophètes à l'approche de la Fin du monde (Jeremias 23.16, Mateus 24.23 et 23.24, Marcos, 13,22, Actos 20.29, Lucas 6.26 et Joao 4.1) ! Par ailleurs, seules 83 licences autorisant les fêtes populaires sont concédées au cours des années 1950-60 dans les Conseils de Santa Catarina et de Tarrafal, alors que la population ne dispose d'aucun autre divertissement dans ces zones reculées de l'Île. Autant de restrictions attribuées à l'action conjointe des missionnaires et des autorités civiles !

---

[8] Voir Annexe II - Références bibliographiques.

"Avant 1941, toute la population y compris les Rabelados va à la messe, explique Tchetcho (Moïse Lopes Pereira), l'actuel chef spirituel de la Communauté. Mais les changements apportés par les nouveaux prêtres violent la vraie Église catholique apostolique romaine." La recherche d'une ouverture au monde moderne a effectivement conduit l'Église à modifier le rapport entre la liturgie et la pastorale. Prémices du Concile Œcuménique Vatican II (1962), la messe est célébrée dans la langue vernaculaire, donc en portugais, et peut se dérouler hors des lieux sacrés. Le prêtre officie face aux fidèles et non plus tourné vers l'autel. Il s'habille presque en civil et respecte le célibat. L'union libre et le divorce sont bannis, ce qui signifie que les prêtres ne baptisent plus les enfants adultérins. Les *ladaïnhas*[9] sont condamnées pour leurs actes profanes, le *Fazer Cristao*[10] est interdit, le nombre de jours saints est réduit, les confessions et célébrations sont déclarées payantes, ...

"Dans la philosophie des Rabelados, un prêtre est né pour accomplir sa mission, poursuit Tchetcho. Il a le don de percevoir l'âme et s'habille en noir pour le deuil de Jésus. Comme Lui, il va partout avec son âne pour aider les pauvres. Alors que les nouveaux prêtres se déplacent en moto, un moyen trop noble pour des employés du Christ!" Si les Rabelados ont refusé les prélèvements diaboliques, c'est parce que seul Dieu peut reprendre le sang donné à l'homme. Et si le "pipi du Diable" (produit de désinfection) est destiné à tuer les insectes, il constitue également un venin contre des créatures de Dieu.

Dans les années 1960, on a vu que la situation va prendre une tournure politique. D'habitude, c'est l'Administrateur du Conseil qui communique les ordres du Gouvernement. Cette fois, les pères missionnaires sont les premiers à notifier à la

---

[9] Voir Annexe I - Définitions.
[10] Voir Annexe I - Définitions.

population les activités sanitaires de la Mission de combat contre les Endémies. Donc ils sont à l'origine de la désinfection des maisons ! L'amalgame entre la Mission et les Missionnaires transforme l'objectif de la démarche en co-signature d'un pacte avec Satan ! En outre, on n'a jamais vu un médecin[11] se déplacer à l'intérieur de l'île, pour collecter du sang en compagnie de l'Administrateur du Conseil et d'un prêtre, si ce n'est pour livrer des âmes aux Démons ! De la même façon, la démarcation des murs des propriétés - en réalité une opération de reconnaissance géographique avant de procéder à leur désinfection - est interprétée comme un signal pour désigner les Élus. "Aux derniers moments de l'humanité, le peuple choisi a droit à 1000 ans de vie supplémentaires," rappelle Tchetcho !

La nécessaire rupture sociale

De nature civile pour une majorité de la population, ces circonstances conduisent la police coloniale à intervenir à son tour. Pour provoquer les Rabelados, la PIDE encercle leurs maisons, démolit les portes et menace de les expulser de la terre où ils vivent misérablement avec leurs familles, tout comme leurs ancêtres. Nouveau pêché contre Dieu, le seul vrai propriétaire de la terre !

Pour les Incroyants cependant, l'ennemi reste le même, à l'instar de son objectif : les obliger à perdre leur âme. À l'époque des faits, aucune séparation n'existe entre l'Administration centrale et l'Église. Autrement dit, tout ce qui s'oppose à la doctrine chrétienne officielle est considéré comme illégal. C'est dans cet esprit que les leaders sont interpellés. Agnelo Milo Leite, ancien secrétaire administratif du Conseil de Tarrafal, se souvient : "Tout a été dicté par l'Église et dirigé par le Portugal, nous n'avions qu'à appliquer les ordres !"

---

[11] À l'époque des médecins militaires.

L'interrogatoire a lieu dans la propre résidence des pères missionnaires. Dans l'esprit des Rabelados, s'enracine la conviction qu'ils sont bel et bien pourchassés pour leur croyance religieuse. Quarante-sept d'entre eux sont conduits au camp de Tarrafal puis à Praia. Une fois ligotés, les prisonniers reçoivent des électrochocs pendant que l'eau coule sur leur tête. Ceux qui résistent au traitement, sont soumis au supplice de la statue, c'est-à-dire enfermés dans un cachot, contraints à rester debout durant des jours et des nuits, régulièrement frappés et affamés jusqu'à ce qu'ils avouent n'importe quoi. Mais ils ne vont jamais céder !

Soucieux d'apporter un éclairage sur les méthodes de l'Eglise vis-à-vis des Incroyants, Julio Monteiro rapporte dans son étude[12], que le Rév. Pe. Ferreira Campos et le Padre J. E. Moniz ont suggéré d'expatrier les Rabelados les plus actifs dans les plantations de Sao Tomé, afin de démanteler la résistance du groupe et de les maintenir séparés de leurs familles. En fait, ces derniers sont déportés dans les îles de Fogo, Brava et Maio, où ils vont vivre de la charité publique, sans tenter de s'intégrer dans la société ni reconstituer une communauté[13]. De son côté, l'Administrateur du Conseil de

---

[12] Voir Annexe II - Références bibliographiques.
[13] Selon l'écrivain Faust do Rosario à Fogo, trois Rabelados ont effectivement été déportés en 1963-1964, mais ils n'ont jamais cherché à se rencontrer. L'un d'eux, Gregorio, va demeurer à Furne près de Mosteiros, dans une maison donnée par un voisin, et travailler dans les travaux de l'Etat. Domingo, le second est resté à Luzia Nunes, un petit village à 6 km de Sao Felipe au-dessus de Patim, puis il a disparu. On pense qu'il a réussi à retourner à Praia. Le troisième est resté à Sao Felipe jusqu'en 1975. "On l'appelait José de Lapa parce qu'il vivait avec des poules dans une grotte, au sein de la Ribeira de Sao Joao, à 200 m de la plage, se souvient l'écrivain. Le samedi matin, jour des mendiants, il venait en ville pour demander à manger, du maïs, du riz, du café, du sucre, ainsi que des allumettes et du sel. Rien de plus. Il acceptait de l'argent, juste ce qu'il faut, De temps en temps, il ramenait des œufs en échange. Il était vêtu d'un sac de jute et d'un vieux pantalon déchiré, allait nus pieds et sans jamais se coiffer. Les enfants en avaient peur. José de Lapa priait et mangeait en fin d'après-midi. Il aimait parler de Dieu avec les gens, mais pas de lui-même. Il se mettait en colère dès qu'on lui parlait

Praia a adopté le point de vue des pères missionnaires sans jamais avoir été en contact avec les populations rurales de Santiago. Il a même déclaré que les Rabelados constituent un noyau de rebelles avec des propos séparatistes d'inspiration communiste ! "En 1962, nous avions des chèvres, des vaches, des ânes, des porcs, des poules et des greniers remplis de maïs, de haricots et de pois, raconte une Rabelada dans le film d'Ana Rocha[14]. Nous avons dû tout abandonner sans avoir le temps de sauver quoique ce soit."

De cette menace commune va naître une conscience de groupe mieux à même de résister. Désormais, les Rabelados vont vivre en marge de la société et trouver refuge dans les montagnes. Obligés de se cacher aussi de la police, ils rejettent tout ce qui se rapporte à l'État, décrétant n'avoir besoin d'aucune formalité pour vivre ni pour mourir ! Puisqu'ils sont des enfants de Dieu, ils ne jugent plus nécessaire de s'enregistrer civilement. Ils refusent d'aller à l'église et à l'hôpital, de divulguer leur nom, d'envoyer les enfants à l'école, et d'utiliser des produits importés ou non naturels pour ne pas nuire à leur âme ni à leur santé.

"Lors des persécutions de 1960, l'Église ne nous a pas considérés comme des frères et nous a injuriés, déplore Tchetcho. Elle a commis l'erreur de confisquer les livres des anciens prêtres et de brûler des Bibles de plus de 300 ans. Mais nous avons réussi à en conserver quelques-uns en les enfouissant dans la terre !"

Un problème pastoral non résolu

Le choc entre les prêtres missionnaires et la population ne surprend pas le Padre Joao A. M. Martins, chancelier de l'Eglise pour l'Afrique. Le pouvoir religieux (en latin et en

---

des prêtres. Après le 25 avril 1974 et avant l'Indépendance, il est retourné à Praia où il a été tué".
[14] Voir Annexe II - Reportages audio et vidéo.

créole) des prêtres capverdiens remonte à l'époque du Séminaire-lycée de Sao Nicolau créé par les Franciscains. Alors que les nouveaux prêtres portugais et suisses ont été formés dans leur pays. La manière de s'habiller (choc chromatique), de prêcher et d'organiser les paroisses, la langue, la culture et la mentalité, s'avèrent forcément différentes. Surtout qu'aucune explication ni considération de la réalité locale n'ont accompagné le changement. "Si les Rabelados n'ont pas compris le caractère sanitaire de la campagne antiparasitaire des maisons ni le contrôle des ménages pour l'enregistrement civil des enfants et leur scolarisation, ils ont dû attendre en vain une médiation plus humaine de la part des prêtres, suppose le Padre Joao. Et le sentiment d'être persécutés par l'Eglise en accord avec l'Administration coloniale, les a poussés à abandonner leurs maisons et à rechercher l'aide de Dieu à travers la Bible !"

Pestant contre la mauvaise évangélisation initiale, le Padre Jorge Sanches de Sao Felipe, île de Fogo, affirme que les prêtres n'ont eu aucune intention de leur porter préjudice. Mais il avoue que l'Église aurait pu résoudre le problème et qu'en choisissant de se taire, elle s'est rangée du côté de l'administration !" Pour sa part, le Padre Ima de l'île de Sal met l'accent sur un autre facteur religieux d'incompréhension : l'église vient de recommander aux prêtres basés en Afrique, de porter une soutane de couleur blanche à cause du soleil et de la chaleur ! "Autant de phénomènes extérieurs que les Rabelados ont rapproché des Textes bibliques," résume-t-il.

Dans ces zones rurales, il ne faut pas oublier le niveau très bas de scolarisation. Indépendamment de l'aspect religieux, l'Église a toujours joué un rôle important dans l'éducation. Mais vu le manque de prêtres et d'écoles, seuls 22 % de la population ont accès aux études. D'après le recensement général de 1950, le taux d'analphabétisation atteint 81 %, 88,1 % et 89,2 % dans les trois Conseils de

Santiago, respectivement Praia, Santa Catarina et Tarrafal ! Culturellement, les Rabelados comme beaucoup d'autres n'ont donc pas eu la capacité d'interpréter tous ces évènements. "L'orthodoxie et la vérité de la foi sont bien là, assure le Padre Joao. Il ne s'agit pas d'une question doctrinale mais d'un problème pastoral non résolu !"

Cela signifie aussi qu'à l'arrivée des nouveaux prêtres, certains catéchistes presque illettrés ont été amenés à se rebeller face à une nouvelle forme d'enseignement et à devenir les principaux chefs des Rabelados. C'est le point de départ visible du mouvement, pas ses racines !

CHAPITRE II

Les années 1456-1940
Des origines *Badiu*

> « *Partout dans la Monarchie catholique et ses mondes mêlés, des hommes et des femmes sont confrontés à des conditions de vie qui imposent une redéfinition des origines, des racines et des identités* »
>
> Serge Gruzinski

La première société esclavagiste et créole du monde moderne

C'est en 1456, que les navigateurs au service de la Couronne portugaise découvrent officiellement[15] le Cap-Vert et cartographient les îles encore inhabitées. Quatre ans plus tard, la colonisation et le peuplement commencent à Santiago. Cette île - la plus grande de l'Archipel[16] et la plus proche de la côte africaine - occupe une position géostratégique privilégiée, non seulement pour l'exploration territoriale et le commerce sur le Continent, mais aussi comme escale maritime vers les Amériques - Brésil, Caraïbes, Amérique du Nord - et l'Europe.

À l'instar du système de donation appliqué à Madère et aux Açores en 1440, la Couronne va allouer aux deux découvreurs italiens, Antonio da Noli et Diogo Afonso, des

---

[15] Selon l'explorateur portugais Jaime Cortesao en particulier, les îles auraient déjà été reconnues par des navigateurs arabes et africains avant le XVe siècle et occupées par des groupes de populations, mais sans pour autant constituer de réelles implantations (Os Descobrimentos Portugueses, Lisbonne, Arcadia, 1958-1962).
[16] Quelque 60 km de long et 29 km de large, soit 991 km2 ou un quart de la surface totale de l'archipel.

biens fonciers et des droits régaliens énumérés dans une charte. Appelés capitaines-donataires, ces derniers distribuent à leur tour des lots fonciers ou *sesmarias* aux colons qui doivent les mettre en culture rapidement. En faisant reposer les charges administratives sur des particuliers, cette méthode offre l'avantage de soulager le Trésor royal, sans exclure la présence d'officiers de la Couronne ni la création de municipalités ou *Concelhos* (Conseils), dotés de pouvoirs importants.

La mise en valeur agricole des terres suppose l'implantation d'une colonie de peuplement. Le Portugal - qui ne compte guère plus d'un million d'habitants au XVe siècle - n'en a pas la capacité. C'est pourquoi un Edit du roi Afonso V accorde aux colons en juin 1466, le droit - jusque-là réservé à la Couronne - de commercer avec la côte guinéenne voisine[17] et d'en prélever la main-d'œuvre manquante. C'est aussi l'origine du développement rapide d'une économie esclavagiste.

Santiago va servir d'entrepôt : les esclaves destinés aux plantations du Continent américain sont achetés avec des produits fabriqués sur l'île. Parmi les esclaves venus en masse de Guinée, l'écrivain Antonio Carreira[18] ne recense pas moins de 27 groupes ethniques différents, parfois même déjà islamisés. De son côté, l'historienne Elisa Andrade mentionne la présence de Noirs libres parlant le portugais et venus spontanément avec les commerçants et les capitaines de navires pour être christianisés à Santiago. Quant aux colons, l'âpreté du climat tropical et l'hostilité du milieu naturel, la distance par rapport à la métropole et les difficultés de communication, expliquent l'absence massive

---

[17] À l'époque, la Guinée s'étend du fleuve Sénégal à la Sierra Leone, à l'exception de l'île d'Arguin.
[18] Voir Annexe II - Références bibliographiques.

de volontaires au peuplement. Beaucoup vont venir des Açores et de Madère.

Il n'empêche que la justice du roi doit expédier de force des condamnés de droit commun ou *degredados*, ainsi que tous les exclus du royaume, dont une majorité de juifs et de nouveaux-chrétiens (Marranes ou Crypto-juifs), fuyant la conversion forcée de 1497 et l'Inquisition officiellement instaurée au Portugal en 1536.

Par ailleurs, les femmes portugaises ont été peu enclines à accompagner les aventuriers, lesquels se sont faits fort de prendre des femmes africaines comme compagnes.

De ces croisements forcés ou nécessaires va naître une société métisse sans aucun préjugé racial, d'autant plus spécifique que ce métissage luso-africain s'interrompt dès la fin du XVIIe siècle. Du fait du départ des seigneurs ou trafiquants blancs pour les plantations du Brésil, et quasiment sans nouvel apport africain, Santiago va fonctionner géographiquement comme une île. En 1550, la population compte seulement 2 % de Blancs établis surtout sur les côtes, contre 57,17 % de Noirs et 42,83 % de Métis.

Plus résistants aux maladies locales, ces derniers vont accéder rapidement à des responsabilités dans l'administration et dans le clergé, puis peu à peu hériter de terres. Essentiellement agricole, Santiago conserve néanmoins une majorité d'esclaves à l'intérieur de l'Île.

Une politique de peuplement fructueuse jusqu'à la fin du XVIe siècle

Pendant les deux premiers siècles qui suivent sa découverte, le Cap-Vert connaît une époque florissante. La navigation, la traite négrière et le commerce "triangulaire" se développent. L'île de Santiago prospère et les petites exploitations contrôlées par des riches propriétaires se multiplient. Outre la culture vivrière dédiée aux besoins intérieurs, les colons créent une agriculture de rentabilité destinée à l'exportation, notamment avec le maïs, la canne à sucre, le coton et l'orseille, une plante tinctoriale utilisée pour la teinture des tissus. Vers le milieu du XVIe siècle, les esclaves du Continent ramènent avec eux des techniques de tissage qui permettent de fabriquer des pagnes, très prisés comme monnaie d'échange pour l'acquisition de nouveaux esclaves.

Cependant, après la conquête du Portugal par l'Espagne de Philippe II (1580-1640), le Cap-Vert perd sa position de plaque tournante de la traite d'esclaves vers les Amériques, et entre dans une phase de décadence économique. La concurrence des Français, des Anglais et des Hollandais qui entraîne la suppression de l'escale obligatoire à Santiago en 1644, et la constitution des grandes compagnies commerciales à charte à partir de 1664, vont réduire la zone d'influence portugaise. L'interdiction de commercialiser les pagnes et l'orseille monopolisés par la Couronne en 1687, les mises à sac systématiques des pirates notamment anglais et français durant trois siècles, ainsi que la surexploitation des esclaves et des terres, vont désarticuler l'économie du pays et accélérer ce processus d'abandon.

À la fin du XVIe siècle, se conjuguent des sécheresses endémiques dues au manque de pluie. Désormais fléau majeur de l'Archipel, elles vont générer des famines tragiques, des épidémies mortelles, une forte mortalité infantile, l'exode et l'émigration. Jusqu'à la fin du XIXe siècle, pas moins de vingt-cinq périodes de crise sont dénombrées dans l'indifférence des autorités portugaises et du capitalisme de Lisbonne pour le développement de l'Archipel.

"Du moins jusque dans les années 1950, il est clair que le colonialisme n'a pas fonctionné au Cap-Vert comme ailleurs," résume le sociologue Nelson Cabral !

Un conflit agraire historique entretenu par les famines récurrentes

Dramatiques pour la population, ces crises liées à la sécheresse engendrent toujours de profondes restructurations sociales et agraires. C'est l'écrivain Luis Romano[19] qui a le mieux mis en évidence la misère et les antagonismes de classes exacerbés par la situation géographique exceptionnelle de l'Archipel.

On a vu qu'au Cap-Vert, toutes les terres ont été privatisées dès l'arrivée des Portugais. En cas de sécheresse, les groupes d'esclaves isolés n'ont donc aucune chance de survivre. Au XVIIe siècle, on assiste aussi à l'appauvrissement des petits agriculteurs qui vont voir leurs maigres biens accaparés ou rachetés à un prix dérisoire par les grands propriétaires fonciers ou *Morgados*. Pour la plupart descendants des colonels portugais du début, ces seigneurs blancs, métis ou noirs, possèdent déjà la majorité des terres les plus rentables. Pour eux, le pauvre est plus près de l'animal que de l'homme. Ses souffrances et sa mort à cause de la famine ne constituent pas un problème moral. En effet, cette situation n'empêche pas les Morgados de se montrer assidus aux manifestations religieuses, de marcher en tête des processions et d'abuser des jeunes filles pour une poignée de maïs. Toutefois, la carence des ressources liées aux sécheresses va les contraindre à libérer les esclaves et provoque la chute précoce du système esclavagiste.

Affaiblis simultanément par la suppression du Majorat[20] en 1864, les grands propriétaires ne trouvent plus de bras pour cultiver les terres. Alors que l'abolition de l'esclavage

---

[19] Œuvre maîtresse de l'auteur, Famintos a été écrit en 1940 mais interdit de publication par la censure brésilienne jusqu'en 1962. Voir aussi Références bibliographiques.
[20] Introduit dans la première moitié du XVIe siècle, ce système de droit d'aînesse est destiné à éviter le démembrement des grandes propriétés octroyées aux nobles.

n'intervient officiellement qu'en 1878 au niveau mondial, bon nombre de Noirs du Cap-Vert sont affranchis dès la fin du XVIIe siècle et bien sûr au XIXe siècle. Par rapport à la population globale de l'Archipel - un peu plus de 50 000 habitants en 1810 - les esclaves ne représentent plus que 6 % en 1856 contre 87,5 % en 1582.

Dépourvus des droits permettant d'acquérir des terres, certains de ces hommes libres vont réussir dans le commerce, l'artisanat ou les services publics. Avec les Métis, ils vont contribuer à l'avènement d'une classe moyenne et induire une inversion de la pyramide sociale. Toutefois d'après Nelson Cabral, la situation des paysans sans terre - qui représentent encore 85 % de la population active au XVIIIe siècle - ne s'est en rien améliorée.

Dans le cadre de ce système d'exploitation médiéval, outre les simples ouvriers, les *rendeiros* ou *parceiros* exploitent un lopin de terre en location (fermage) ou par contrat (métayage) pour le compte du propriétaire-Morgado. La relation de dépendance entre les premiers et le second engendre des tensions sociales de plus en plus fortes. Dans son étude[21], Julio Monteiro rapporte que dans le Conseil de Santa Catarina, la loi régulant les contrats de location des terres n'est pas appliquée ou conduit à des abus. Les rentes qui varient selon les propriétaires, augmentent chaque année et sont perçues même en l'absence de pluie et de récolte. Au bout du compte, le fermier doit payer pour conserver sa parcelle l'année suivante.

De plus, la structure administrative déséquilibrée de Santiago ne favorise pas la justice sociale. Depuis la perte d'influence du Cap-Vert, l'autorité coloniale se limite à un Gouverneur et à un représentant de la Justice. Et jusqu'en 1917, date de création du Conseil de Tarrafal, l'Île est divisée en deux régions couvertes par Praia (Capitale depuis 1770) et

---

[21] Voir Annexe II - Références bibliographiques.

Santa Catarina à partir de 1834. Autrement dit, la domination coloniale portugaise ne revêt pas le même impact dans tout le pays.

Durant quatre siècles, on note ainsi une forte concentration des autorités dans le sud de l'Île, tandis que la population du centre et du nord échappe à l'influence portugaise et se trouve totalement abandonnée aux mains des Morgados. D'où les révoltes des paysans de Santiago assoiffés de justice sociale.

Une classe d'esclaves libres nommés Badiù

L'historien Antonio Correia e Silva résume ainsi le cœur du problème agraire : À qui appartient la force de travail des employés, à eux-mêmes ou bien au propriétaire foncier ?

Conformément au principe de la *Res publica*, le propriétaire-Morgado est convaincu que l'homme libre a l'obligation d'offrir sa force de travail, faute de quoi il retourne au statut original "d'homme noir vivant comme un sauvage". C'est ainsi que parmi les "Sans terre", naît l'idée du Badiù[22], une classe d'esclaves fugitifs ne comptant que sur elle-même, même si la liberté est synonyme de misère. Ce mot vient du portugais Vadiò (V pour B) et signifie vagabond. À l'instar des esclaves marrons de Haïti et de Guadeloupe, ou des Quilombos du Brésil, les Badiù refusent de se soumettre à leur propriétaire ou bien fuient les raids des corsaires pour se cacher. Dans les deux cas, ils résistent au système traditionnel d'accession à la terre par le paiement de la rente aux Morgados. Et par là, au régime esclavagiste et colonial !

Une résistance d'autant plus aisée que le relief très escarpé de Santiago s'élève rapidement du littoral avec des pics jusqu'à 1394 m (Pico de Antonia), et fonctionne comme

---

[22] Aujourd'hui encore utilisé pour dénommer la population du milieu rural de l'île de Santiago.

une barrière montagneuse infranchissable. À la recherche de leur liberté, les Badiù vont délaisser les côtes et les versants des vallées au profit des zones les plus inhospitalières et inaccessibles, où ils vont vivre en communauté dans des habitats disséminés et isolés. Du reste, si l'on observe la géographie de l'esclavage et même post-esclavagiste, on comprend bien les tensions sociales de l'époque, ainsi que la stratégie de résistance et de gestion de la distance des Badiù par rapport aux villes.

De nombreux documents du XVIIIe siècle attestent du caractère incontrôlable de cette population créole - puisque née dans l'Archipel - coupée de tout contact avec le reste de la société. Pour l'écrivain Iva Cabral, les Rabelados représentent sans aucun doute l'héritage de ces anciens esclaves opposés à tout pouvoir même religieux, et qui par conséquent ont réussi à conserver les pratiques plus anciennes de la religion catholique. En effet dans le milieu rural, le contrôle est exercé aussi par l'Eglise et si les Badiù ne descendent pas de leurs montagnes, les prêtres ne vont pas jusqu'à eux, faute de moyens de communication !

Quant à l'inexistence de l'autorité civile à l'intérieur de l'île, elle est relayée jusqu'à la fin du XVIIIe siècle, par les Morgados. Ennoblie grâce au pouvoir local, cette élite endogène capverdienne s'est organisée en force armée à l'instar des milices brésiliennes, afin de contrôler les paysans. Historiquement, la résistance des Rabelados s'avère donc bel et bien culturelle !

Le rôle idéologique de l'Eglise au service de l'intérêt économique

Au mercantilisme de la dynamique de conquête, il convient de ne pas exclure le facteur religieux. Dès 1452, une série de Bulles papales confirme la juridiction du roi du Portugal et de ses successeurs sur les terres découvertes ou à découvrir[23]. Elle lui confère aussi l'autorisation pour la traite des Noirs et l'oblige en retour à catéchiser et à moraliser tous les "Maures, païens et autres ennemis du Christ" dans ses colonies. C'est le *Padroado* ou droit de patronage octroyé à l'Ordre du Christ et que le colonisateur va prétendre exercer jusqu'à l'Indépendance, en 1975.

Ce droit qui lui permet déjà de rationaliser un esclavage plus économique que confessionnel, constitue donc aussi un moyen d'accorder le salut. Il implique de construire des églises, d'envoyer des ecclésiastiques en nombre suffisant, et de favoriser leur passage gratuit pour transmettre la foi. On perçoit bien l'avantage pour la papauté qui peut se décharger complètement sur les pouvoirs temporels, même si ce système lie complètement l'Apostolat au Pouvoir colonial ! En effet, l'Eglise et le colonisateur s'avèrent étroitement imbriqués dès l'origine.

En 1466, les premiers missionnaires qui accompagnent les découvreurs, appartiennent à l'Ordre des Franciscains[24]. Selon le Frère Luc Mathieu, théologien Franciscain, ces derniers débarquent avec une option eschatologique à l'époque, c'est-à-dire avec le discours sur la Fin des Temps. Animés par cette espèce de mystique messianique inspirée de la pensée de Joachim de Flore[25], ils s'empressent de baptiser les esclaves selon les principes de l'Eglise catholique, mais sans leur apporter la signification du sacrement reçu. Ce qui

---

[23] Signé le 7 juin 1494, le traité de Tordesillas institue une ligne de partage du monde entre l'Espagne et le Portugal, allant de pôle à pôle et passant à 370 lieues des Îles du Cap-Vert. Arbitrée par le pape Alexandre VI, cette délimitation de souveraineté qui réserve la partie occidentale à la première et la partie orientale au second, est rapidement étendue à l'activité missionnaire.
[24] Les Franciscains font partis des premiers Ordres mendiants. Cela signifie qu'ils ont fait vœu de pauvreté et vivent en partie de l'aumône des fidèles. À partir du XVIe siècle, on trouve des sociétés de clercs religieux comme les Jésuites.
[25] Moine cistercien du XIIe siècle. Son exégèse de la Bible l'a amené à vivre radicalement en fonction de la sanctification de son âme, à établir des correspondances entre l'Ancien et le nouveau Testament, et à commenter l'Apocalypse en imaginant la naissance de l'Antéchrist peu avant la fin du monde.

prime, c'est la conversion avant la Fin annoncée, quitte à peaufiner la mission par la suite. Et c'est aussi une façon de se prémunir de la colère de Dieu face à l'esclavage !

Dans leurs rapports à Rome, les Franciscains font état de milliers de baptêmes. Du reste sur la dénonciation des Jésuites qui vont séjourner au Cap-Vert de 1604 à 1642, ils sont condamnés dans les années 1580, non pas comme hérétiques mais pour leurs pratiques sommaires d'évangélisation.

Progressivement, les missionnaires vont s'efforcer d'initier une catéchisation plus intense. Ainsi, les esclaves destinés à l'Archipel vont recevoir une préparation durant six mois et des rudiments de portugais. Ils sont dits "ladinisés". Au-delà du baptême, cette adoption de l'Evangile présente également l'avantage de rehausser de 3 à 4 fois leur prix par rapport à l'esclave "brut" ! D'où l'imposition de la Bible également par les maîtres-propriétaires des esclaves.

Un processus d'acculturation lié à l'évangélisation

La contribution de l'Eglise va servir de courroie de transmission entre la politique coloniale et les populations africaines. L'historien Marcellino da Civezza[26] note qu'à leur arrivée, les esclaves sont imbus de leurs traditions, polythéistes, animistes et plein de superstition. Ce qui compte pour le colonisateur, c'est de gommer les différences pour obliger ces derniers à s'approprier les valeurs européennes. Ce schéma d'unicité qui induit un processus d'aliénation et d'acculturation, va favoriser la création de la langue créole, un mode de communication né de la rencontre entre les diverses langues tribales africaines et celle du colonisateur.

---

[26] Histoire universelle des missions franciscaines, VIII vol. (1881). Voir aussi Références bibliographiques.

D'après l'historienne Maria Madeira Santos[27], l'assistance des prêtres catholiques s'avère par ailleurs bien acceptée par les populations d'origine africaine. En effet, la foi professée par le Pouvoir en place peut constituer une voie pour la liberté, une forme d'ascension sociale et un adoucissement pour les consciences. Et puis, si les esclaves ou les Noirs affranchis vivent en apparence sous l'emprise commune du christianisme - soit par leurs maîtres, soit par le clergé - ils parviennent à conserver des traditions et pour certains, à pratiquer en secret leurs rites ancestraux.

Il est vrai que les missionnaires Franciscains ont toujours prôné la tolérance pour les usages locaux, et que les Catholiques portugais installés au Cap-Vert partagent une vision plutôt populaire du christianisme, facile à mélanger avec des habitudes d'origine africaine. C'est essentiellement dans l'île de Santiago que ces pratiques vont persister dans la mémoire collective, avec la *Tabanka*, la magie noire ou *Korda* et le fétichisme, le *Batuque*, la *Stera*, les *Reza et Ladaïnhas*, le *Guarda-Kabéça*, le *Staçon*, les *Oras minguadu*, le *Finaçon*, le *fazer Cristao* ou baptême simplifié, et même le tambour considéré comme un instrument de communication[28]. Et ce, en dépit des tentatives de l'Administration portugaise pour les étouffer, les bannir ou les admettre en fonction de la conjoncture. En témoignent la lecture des Bulletins Officiels et certaines incohérences entre les textes. S'il n'est pas question de polygamie au Cap-Vert, la structure même de la famille santiaguaise s'avère aussi plus proche de l'Afrique que de l'Europe. Tout comme certaines expressions du Carnaval démontrent cette réminiscence africaine.

En accord avec la pensée du sociologue Max Weber, l'historien Antonio Correia e Silva estime que l'interprétation

---

[27] Histoire générale du Cap-Vert (p. 454 à 457). Voir aussi Annexe II - Références bibliographiques.
[28] Voir Annexe I - Définitions.

rationaliste concluant à un colonialisme monolithique et à une répression culturelle systématique, se révèle aléatoire par rapport à la réalité du territoire. Durant des siècles en effet, la colonisation s'est imposée comme l'ordre du monde. Cependant, à partir des particularités héritées de la culture africaine animiste plus ou moins fétichiste et d'une éducation catholique multiséculaire, toutes les conditions ont été réunies pour que se forgent de nouvelles valeurs et que de cette base plurielle, s'affirme une identité religieuse et culturelle propre, purement créole... et capable de résister à des changements brusques !

Un diocèse en autogestion

Les Frères Franciscains - qui vont rester jusqu'au XIXe siècle - prennent en main l'organisation des paroisses. Ainsi, dans son compte rendu de mission[29], le Père Antonio Brasio mentionne l'existence de la Paroisse de Notre Dame de la Conception à Ribeira Grande dès 1462, et en conclut la présence de prêtres séculiers à cette époque. En 1535, soit deux ans après la fondation du diocèse de Santiago par une Bulle du Pape Clément VII, un ordre du Roi autorise l'ouverture d'une école de latin et de théologie. Ici, on voit bien le rôle du Monarque portugais, à la fois chef de la mission d'évangélisation et de l'administration politique ! En 1570, un vrai séminaire est créé à Ribeira Grande, qui va former les premiers prêtres locaux. D'après l'historien Moyacir Rodriguès, l'enseignement de l'époque correspond à celui du Moyen-Âge en Europe. Quant à l'ouverture du réputé séminaire-lycée de Sao Nicolau, elle a lieu en 1866 avec un programme d'études comparable à celui de la métropole !

---

[29] Monumenta missionara africana (22.8.1625), repris dans.Historia de Igreja de Cabo Verde, Subsidios. Frederico Cerrone, p. 15.

Pour le professeur et géographe José Maria Semedo, la formation rapide de prêtres natifs recommandée par l'Eglise portugaise est liée au risque de paludisme et à l'inadaptation des prêtres blancs venus d'Europe. Force est aussi de constater une discontinuité dans l'enseignement. Mais ces *Padre di terra* qui parlent créole, vont profiter de l'inclination du peuple en faveur des cantiques célébrés en commun, pour réaliser une véritable adaptation socialement acceptable du catholicisme. Et en dépit des conditions géographiques, ils vont réussir à enraciner les us et coutumes chrétiennes durant les cinq siècles de la colonisation.

Toutefois, leur influence essentiellement concentrée dans les milieux urbains et portuaires, va s'avérer réduite. Les prêtres se limitent à administrer les sacrements, à secourir les âmes et à sauvegarder les ornements liturgiques dans les lieux de cultes. En réalité, la Couronne se réserve les bénéfices du trafic d'esclaves et le clergé, qui ne perçoit pas ses salaires, privilégie le commerce pour vivre.

Pour sauver leur âme, les *Morgados* font dons de terres et d'esclaves à l'Eglise. Cette dernière ne tarde pas à devenir le plus grand propriétaire foncier de l'Archipel, avec des intérêts commerciaux et une Confrérie transformée en une véritable institution de financement pour l'acquisition des terres. Ce sont les ecclésiastiques eux-mêmes qui gèrent les biens de l'Eglise et assurent le fonctionnement du diocèse. Dans son récit de voyage à Cidade Velha[30] en 1652, le Padre Antonio Viera fait du reste l'éloge de leur travail. De leur côté, les évêques dépendant de la monarchie et occupés à des luttes d'influence avec les autorités civiles, se succèdent avec de longues absences de siège, parfois jusqu'à 150 ans.

---

[30] Ancienne capitale du Gouvernement civil et militaire, aujourd'hui appelée Cidade Velha et ajoutée à l'Inventaire du Patrimoine mondial de l'humanité le 28 juin 2009.

Aussi s'avère-t-il difficile d'élaborer une conception pastorale globale pendant toute la durée du Diocèse !

Il est clair que le Portugal s'est révélé incapable de consentir l'effort missionnaire nécessaire conformément à ses engagements. À partir de 1558, le roi Jean III est amené à demander des renforts au Pape et aux Jésuites présents au Cap-Vert, dès 1604. Entièrement dévoués à la seule autorité papale et trop focalisés sur l'éducation supérieure, ces derniers - à la différence des humbles Franciscains - s'avèrent inadaptés au milieu local et sont expulsés en 1642.

Pour pallier le manque de prêtres et entretenir la christianisation des populations rurales en grande partie illettrée, les laïcs participent activement à la catéchèse. José Maria Semedo parle d'un mode de fonctionnement de l'Eglise courant au Portugal, qui permet de garantir une hiérarchie de diffusion de la doctrine chrétienne jusqu'au niveau local, bien souvent dans les fermes. À noter parmi les catéchistes, se trouvent aussi des officiers dévots haut placés.

Une stratégie d'autant plus efficace que dans la seconde moitié du XVIIIe siècle, la ferveur religieuse s'étiole dans tout le monde chrétien au profit du Rationalisme. Les Ordres religieux eux-mêmes commencent à perdre leur vigueur du fait du manque de missionnaires. Dans le Conseil de Tarrafal par exemple, où le mouvement des Rabelados va revêtir un relief particulier, la paroisse de Santo Amaro Abade va rester 30 ans sans résident. Selon le prêtre Frederico Cerrone[31], cette couverture religieuse insuffisante a entraîné une coupure entre les habitants des côtes et le peuple de l'intérieur de l'Île incité à vivre une religiosité mêlée de superstition et de magie.

En effet, si la vie religieuse de la population a perduré, c'est aussi grâce aux pratiques déjà interprétées des vieux

---

[31] Voir Annexe II - Références bibliographiques.

catéchistes et transmises de génération en génération par leurs descendants. Il va falloir attendre l'influence de Salazar pour qu'en 1929, reprenne la vie missionnaire. Et surtout les années 40 pour que change cette structure de fonctionnement !

CHAPITRE III

Interprétation des faits
La reconstruction d'une identité

« Même les pratiques qui paraissent les plus bizarres, irrationnelles et curieuses, obéissent à des règles »

Claude Lévy-Strauss

« La culture plonge ses racines dans l'humus de la réalité matérielle du milieu où elle se développe »

Amilcar Cabral

Une collision entre trois logiques spécifiques

Entre 1941 et 1948, le Cap-Vert connaît la famine la plus grave de son histoire avec plus de 50 000 victimes, soit plus du tiers de la population[32]. Santiago perd près de 65 % de ses habitants. Compte tenu de la sécheresse, de la malnutrition et du paludisme, la croissance démographique s'est annulée par rapport au début du XXe siècle. Pour Humberto Lima, historien et directeur des Archives nationales, cette longue période de crise a favorisé la naissance de deux mouvements. D'abord un affaiblissement du sentiment religieux chez la population, qui, malgré les prières, a dû compter ses morts, notamment dans l'île de Santiago plus agricole. Ensuite, le sentiment qu'il peut exister une politique différente de celle de la colonisation. Aussi à la fin des années 1940, le renouveau de la vie sociale voit-il un changement des

---

[32] Au cours des crises alimentaires de 1902/1903, 1920/30 et 1940/50, l'île de Santiago a perdu successivement 13,6 %, 17,4 %, et 22,2 % de sa population (Données Julio Monteiro). Voir aussi Annexe II - Références bibliographiques.

mentalités. Et alors que les "fils" de la souffrance et de la famine ont perdu de leur foi, les nouveaux prêtres ne savent délivrer qu'un message théologique !

C'est aussi à ce moment-là que le gouvernement de Salazar perçoit une érosion de la légitimité coloniale du Portugal. Le nationalisme africain commence à bouger. On a vu qu'au Cap-Vert, la tension politique émane d'une élite "de terre" critique qui s'exprime à travers les écrivains mais aussi la diaspora. Les fonctionnaires portugais eux-mêmes reprochent avec violence aux autorités centrales la façon négligée de gérer les famines traumatisantes ! D'après l'historien Luiz Silva, la seule parade du régime colonial jusqu'ici, a résidé dans l'immigration pour servir les besoins de main-d'œuvre dans les plantations de café des îles de Sao Tomé et Principe !

Au début des années 50, le Pouvoir central se décide enfin à adopter une stratégie réformiste visant à assurer la santé et l'équilibre social. Des dépenses publiques sont allouées à la construction d'infrastructures et d'écoles primaires, à la distribution de denrées alimentaires, aux facilités d'importations et à la mise en place de mécanismes financiers, commerciaux et sociaux. Quant au problème de santé publique et de sécurité alimentaire à résoudre, il consiste à lutter contre le paludisme et à préparer la réforme agraire. Selon l'historien Antonio Correia e Silva, ce processus d'élargissement de l'Etat - plus politique que solidaire - va surprendre Amilcar Cabral, le futur héros de l'Indépendance, et lui faire dire : "Le colonialisme veut nous voler notre discours !"

Des agents commencent ainsi à pénétrer dans les zones jusque-là sous-administrées de l'intérieur de Santiago. Et cette avance de l'Etat va représenter une menace pour les communautés refermées sur elles-mêmes - notamment celles qui descendent des anciens esclaves marrons - et obligées d'accepter l'introduction des autorités. De l'avis de l'historien, le mouvement des Rabelados naît - du moins en apparence - du choc entre ce colonialisme réformiste apparu dans les années 60, et les modes de vie d'une paysannerie autonome, habituée à vivre en autarcie, hors du système despotique d'exploitation des Morgados. Aujourd'hui encore, les oppositions régionales remontent inconsciemment à cette résistance entre les Badiùs venus d'Afrique, plus ou moins intégrés dans la société coloniale, et le reste de la population assimilée à la civilisation et au catholicisme post-réforme dominant !

En 1960, ce faisceau de facteurs coïncide également avec le mouvement de modernisation de l'Eglise - une autre bureaucratie - qui a attiré de nouveaux Ordres missionnaires avec des rites contrecarrant certains signes traditionnels de la religion locale. Pour l'historien, la seule équivoque initiale dans ce choc, se situe au niveau de la répression policière et du Gouvernement colonial portugais qui a vu dans ces réactions spontanées des communautés paysannes, une résistance liée au mouvement international anti-colonial.

Pour sa part, Luiz Silva estime qu'en s'alliant avec le gouvernement colonial de Salazar, l'Eglise a créé elle-même les conditions de la révolte politique. Un sentiment partagé par l'écrivain Jean-Yves Loude, convaincu que, de façon consciente ou inconsciente, les Rabelados ont dénoncé et combattu cette entente. En outre, avec son patrimoine foncier le plus important du Cap-Vert, l'Eglise embourgeoisée s'est déjà éloignée des masses populaires en restant passive face aux famines !

La religion comme fondement de la résistance

Jusqu'en 1960, rien ne distingue les Incroyants du reste de la population des régions rurales difficiles d'accès, hormis leur distance avec l'Eglise. Officiellement dénommés

Rabelados en 1961, ces derniers ne sont pas non plus les seuls à s'opposer aux travaux de la Mission d'études et de Combat des endémies, notamment pour ce qui concerne la pulvérisation des maisons avec des insecticides. Pour bon nombre de paysans des trois Conseils de l'Île et même partout dans l'Archipel, les réactions sont plus ou moins véhémentes. À l'échelle de la planète, un numéro spécial de la revue *La Santé dans le Monde* consacré à la Malaria et publié par l'Organisation Mondiale de la Santé (OMS), établit le même constat : "L'ignorance, l'analphabétisme et les superstitions justifient communément le refus des activités liées au traitement de l'épidémie". Enfin, il est bon de rappeler qu'aujourd'hui, l'utilisation du DDT est interdite.

Toutefois, la population a souffert des famines. Intimidée par la violence de la répression coloniale, une majorité d'opposants va se laisser séduire par les compensations procurées par l'Etat, par exemple en matière de distribution de biens alimentaires, de scolarisation obligatoire des enfants, de combat contre les épidémies, d'emplois ou de revenus moins tributaires de la pluie que ceux de la terre. Dans son étude[33], Julio Monteiro note aussi que beaucoup de gens partageant des sentiments religieux identiques à ceux des Rabelados, sont passés inaperçus par crainte d'une exclusion de l'Eglise !

En fait, les Rabelados se distinguent par leur résistance à une évolution technique et sociale symbolisée par l'Etat et l'Eglise, parvenue jusqu'à eux sans transition. "Ce qui advient entre 1942 et 1960 va contre la nature, l'ordre et la tradition, résume l'historien Antonio Correia e Silva. L'innovation constitue un sacrilège et un peu la fin du monde !" Selon Luis Romano[34], la pensée du pauvre est tout entière circonscrite par le discours religieux. Il rappelle que

---

[33] Voir Annexe II - Références bibliographiques.
[34] Voir Annexe II - Références bibliographiques.

"dans le livre des Ancêtres, il est écrit qu'une ère doit mettre fin au mal pour ne laisser que le bien !" Chez les Rabelados, l'Apocalypse devient une façon de construire un discours qui justifie leur stratégie de résistance. Réfutant la loi des hommes, ils vont s'en remettre à la grâce de Dieu et continuer à pratiquer leur foi, celle de la "Sainte Eglise catholique apostolique romaine qui existe depuis l'origine du monde".

Ce combat avec la religion va les conduire à créer leur propre dialectique de pensée sociale, religieuse et politique, commente l'historien Humberto Lima s'interrogeant sur l'origine de leur mentalité. "Les Rabelados ont fait leur propre interprétation de la Bible, en conservant ce qui correspond à leurs besoins." C'est en ce sens que l'historienne Catarina Madeira parle de la création d'une tradition : "L'option de vie des Rabelados en harmonie avec la nature est une source de mystification pour montrer qu'ils vivent comme Dieu". À travers leur mouvement religieux, ils ne défient pas directement les forces et les règles coloniales, relève pour sa part le chercheur américain Richard Lobban[1]

Des catéchistes se substituent aux prêtres de terre

Seul à officier dans les régions du nord-est de Santiago et très respecté par ses disciples, le Padre Joaquim Furtado, dernier prêtre de terre formé par les Frères Franciscains à Sao Nicolau, a formé à son tour des animateurs pastoraux locaux, tous anciens catéchistes, chanteurs dans l'église ou maîtres de prière. "Soit un troisième niveau de compréhension de la doctrine", fait remarquer le professeur Manuel Brito-Semedo[1] En effet, pour l'aider dans sa mission, le Padre a délégué à ces laïcs, une série de tâches - baptêmes, oraisons, homélie, lecture de la Bible en fin de semaine, etc - leur conférant une autonomie et une grande liberté d'interprétation de retour dans leurs localités.

Ce sont ces témoins de l'Eglise en quelque sorte, qui, au fur et à mesure de la disparition des prêtres, ont gardé les livres et acquis une dimension de leaders religieux, simplifie le professeur Claudino Borges. À la suite des interdits de l'Eglise et des persécutions en connivence avec les autorités, les futurs Rabelados se sont éparpillés, souligne Misa, artiste sculpteur plasticienne. Ami d'enfance de Nhô Agostinho, troisième chef des Rabelados, le Padre Sanches affirme pour sa part, que Nhô Nhô Landim (Luis Gomes de Pina) de Palha Carga dans l'actuel Conseil de Sao Miguel, est à l'origine du mouvement dans les années 1940. Avec Diminguinho, l'un des trois fils d'une famille de Pilao Cao, il a incité les habitants du voisinage à refuser le changement puis la désinfection des maisons. Progressivement les gens se sont rassemblés autour de lui et le groupe a pris de l'ampleur. Plus de deux cents familles ! Au moment de la rupture en 1960, on compte près de 3000 Rabelados répartis en une dizaine de groupes autour des catéchistes lettrés, complète le géographe José Semedo, en soulignant le caractère basique du livre de catéchèse des années 50 avec ses questions/réponses. On peut identifier des Rabelados dans les localités isolées de Serra Malagueta, Santa Cruz, Santa Catarina, Sao Miguel, Tarrafal et dans la région de Santana.

Le Padre Constantine est un passionné de sociologie. Installé dans la paroisse de Santa Catarina depuis 1984, il s'est efforcé de comprendre les évènements. Mathématiquement, il a observé que l'installation des Rabelados se situe à la limite de sa paroisse, là où la distance par rapport aux deux grands axes routiers de l'Île, Praia-Tarrafal et Assomada-Pedra Badejo, est la plus grande. Ici, on peut rappeler que la Commune de Sao Miguel a été créée en 1996 (Décret loi n°11) et que jusque-là, elle est liée à la Commune de Tarrafal, elle-même instituée en 1917 (décret-loi n° 3108-BO 25 avril). Autrement dit, ces zones ont véritablement été privées de tout échange et de toute information durant près de quatre siècles ! Pour preuve, raconte le Padre Constantine, le mouvement a cessé de s'amplifier dans les années 1960, dès lors que son prédécesseur, le prêtre Luiz Allaz d'origine espagnole, a fait construire une église et une école à la limite de la paroisse pour aider les Rabelados ! Et de conclure que "le meilleur moyen d'enrailler ce phénomène consiste à introduire la culture dans la communauté !"

Aujourd'hui, le Padre Constantine a choisi de reprendre la tradition religieuse de l'époque et de l'adapter à l'église actuelle, notamment pour les Vêpres ou prière des morts. Par exemple, il fait entrer le prêtre dans la Tabanka[35]. "C'est une façon d'intégrer l'ensemble de la population, pas seulement les Rabelados," précise-t-il.

La construction d'un réseau de groupes solidaires

Selon le Padre Sanches, la première communauté des Rabelados se structure autour de Nhô Nhô Landim précisément à Basio et Monte Pousada. Considéré comme un prophète, ce fidèle du Padre Joaquim est devenu le premier chef religieux et social du groupe. Arrêté par les autorités coloniales en 1962, il est déporté à Fogo. Une majorité de ses disciples va s'organiser autour de Nhô Fernando alias Faustino Fernandes, qui devient le second prophète des Rabelados. Plus radical dans ses convictions, ce nouveau leader prend le pouvoir et s'établit dans la localité de Monte Santo. Au retour de Nhô Nhô Landim, les deux groupes vont coexister avec leur chef respectif. De l'avis du chef Tchetcho, il n'y a jamais eu de malentendu entre les deux hommes, simplement une interprétation différente de la Bible ! Nhô Nhô Landim s'attache davantage à l'Ancien Testament (Ecriture Sacrée), tandis que Nhô Fernando se réfère surtout au Nouveau Testament (Saints Evangiles).

---

[35] Voir Annexe I - Définitions.

D'après Maria de Lourdes Silva Gonçalves, diplômée en sciences sociales, c'est en fonction de ces deux directions que vont se positionner également les autres groupes, mais sans chef pour les guider.

À l'âge de 86 ans, Nhô Nhô Landim va céder sa place à Nhô Fernando. En 1978, ce dernier transmet à son tour les livres sacrés à son fils Agostinho Gonçalves dit Nhô Agostinho. Et depuis novembre 2006, c'est son petit-fils Tchecho qui garde les livres.

Bien que les groupes se trouvent géographiquement séparés les uns des autres, les Rabelados sont liés par un sentiment de destin commun, garant de leur cohésion. Parfaitement autosuffisants, ils partagent un même héritage social et matériel. Selon Julio Monteiro[36], ils constituent une communauté inorganique dirigée par l'esprit et la croyance.

Indépendamment de la descendance, le chef est celui qui sait le mieux comprendre et interpréter les livres. Nhô Agostinho ressent ce don à 28 ans. Il est alcoolique et possède plusieurs femmes. Aussi, lorsqu'il décide d'emmener le groupe de Achada Bel Bel à Espinho Branco à cause du mépris de la population environnante, il va perdre une partie du "public" attaché à son père. La communauté se divise une nouvelle fois. Par ailleurs, certains membres n'ont pas suivi les règles et ont choisi de quitter leur groupe. D'autres Rabelados situés dans des zones plus urbanisées comme Pedra Badejo par exemple, se sont dilués dans la société. Aujourd'hui, le mouvement compte huit groupes disséminés, de 5 à 10 voire 20 familles. Avec près de 300 membres, la communauté de Espinho Branco est la plus significative. Elle représente le centre de la "paroisse" où vit le chef et où se réunissent les fidèles pour célébrer le culte et discuter des questions du quotidien en fin de semaine.

---

[36] Voir Annexe II - Références bibliographiques.

Il n'empêche que l'ensemble des Rabelados entretient des relations amicales, utilise les mêmes livres et continue à pratiquer des rituels en commun, même si les *ladaïnhas* s'avèrent distinctes. Encore aujourd'hui, c'est à Santa Cruz qu'ils se retrouvent pour la fête annuelle du 3 mai.

Une conviction partagée pour incarner le rôle du chef

Dans nos sociétés démocratiques, la notion de chef est synonyme de charge, fonction et élection, et se conçoit au sens hiérarchique du terme. "Chez les Rabelados, cette préoccupation n'existe pas, fait remarquer l'anthropologue Orlando Borja. C'est dans le contexte historique que le leader apparaît comme tel !" Par exemple, Nhô Nhô Landim et Nhô Fernando sont considérés comme des visionnaires. L'un a prédit l'arrivée des faux prophètes, l'autre a annoncé l'ouverture et la communication avec le monde extérieur grâce à Nhô Agostinho. Ce dernier est élu après un parcours à plusieurs étapes. Et alors qu'en 2006, on s'attend à un leader plus ancien pour lui succéder, c'est Tchetcho, son fils de 24 ans, sans expérience mais avec une idée très précise de la culture des Rabelados, qui s'impose comme une évidence !

"À chaque chef son public, enchaîne l'artiste plasticienne Misa. Les Rabelados professent la révélation de la parole divine en chacun de nous. Dès lors que l'on possède la foi et des valeurs communes, il s'avère impossible de ne pas suivre celui qui transporte cette divinité et traduit l'esprit de Dieu à travers ses paroles !" Ainsi, Nhô Agostinho va régner sur quatre groupes (Monte Santo, Achada Bel Bel, Espinho Branco et Basio) et peu à peu s'adapter aux innovations. "Il a travaillé dans la propriété de mes parents, se souvient le Padre Sanches. Nous avions une vraie bibliothèque avec des livres des XVIIe et XVIIIe siècles. Pendant deux ans, il a écouté mon père enseigner le catéchisme et lire les prières autorisées par l'Eglise." Plus tard, lorsque Nhô Agostinho va sentir la révélation en lui, sa candidature entraîne des conflits au sein de la communauté. On a vu notamment qu'il est alcoolique. D'après Misa, il s'est rendu chez Nhô Antoninho, un sage de Basio qui maîtrise parfaitement les Textes sacrés. C'est lui qui va l'initier dans sa descente spirituelle du savoir, dans la manière de s'attacher les fidèles et de faire la lecture biblique.

Selon la loi des Rabelados, le chef est intronisé pour la vie. Trois semaines après la mort de Nhô Agostinho, Tchetcho est préféré à son frère de 41 ans pour son intelligence, sa patience et sa compréhension de la spiritualité. Médiateur des conflits, il va savoir gérer l'ouverture au monde extérieur initiée par son père. Mais les Rabelados les plus anciens ne l'ont pas tous suivi !

Un patrimoine religieux rempli de superstition

Les Rabelados possèdent presque tous les anciens livres apportés par les prêtres Franciscains à l'époque de l'évangélisation et du Séminaire-Lycée de Sao Nicolau (1866-1917). Du moins, ceux que Nhô Nhô Landim a pu déterrer après les persécutions des années 1960 ! Pour la plupart, il s'agit d'ouvrages utilisés par les anciens prêtres pour la messe (en latin) ou pour enseigner la doctrine chrétienne aux catéchistes (en portugais). D'après Humberto Lima, directeur des Archives nationales, ces livres proviennent forcément du Portugal compte tenu du contrôle exercé en permanence par le régime colonial. Selon le Padre Ima, le catéchisme utilisé encore aujourd'hui par les Rabelados, date du Pape Pie X (1835-1914). Les rituels des messes et postures obéissent donc aux règles d'avant Vatican II. Ils témoignent d'un catholicisme populaire enseigné à l'époque de l'évangélisation et qui s'est mêlé à des traditions transmises de génération en génération.

Parmi les livres, se trouve une Vulgate, Bible Sacrée de plus de 300 ans (texte authentifié par l'Église catholique en

1545, lors du concile de Trente) et traduite en portugais par le Padre Antonio P. Figueiredo. Les Rabelados respectent en particulier, le Livre du prophète Isaïe aux nombreuses métaphores, le Livre du prophète Daniel, les Dix Commandements, ainsi que l'Apocalypse.

Pour résoudre les conflits internes, ils s'inspirent aussi des Proverbes de Salomon, "un individu de bons entendement et paroles," commente Tchetcho. On peut encore citer : les Brèves Pratiques associées à la Mission abrégée (édition 1868) pour convertir les pécheurs et améliorer leur spiritualité ; La Clé du Ciel en 14 étapes, de José Lourenço Pereira de Matos, intégrant les méditations sur les mystères Gozosos, Dolorosos et Gloriosos ; un Abécédaire sous forme de questions-réponses pour effectuer le baptême privé ou *Fazer Cristao* ; Une Pratique mentale pour les prières, ainsi que des livres de *Rezas* sous forme de copies manuscrites ; Le Relicario Angelico de Mgr Joaquim da Silva Serrano (Lisbonne-1794), recueil de ladaïnhas, neuvaines et cantiques ; un Manuel Rituel Romano en latin (1884) ; des Ecrits des Saints Pères utilisés à l'église ; un livre protestant en provenance d'Amérique, etc.

Pour accompagner l'explication biblique, les Evangiles et les témoignages spirituels, les Rabelados se servent d'un calendrier lunaire (Lunario Perpetuo-1887) composé par Jeronimo Cortez au XVe siècle, dont les enseignements profanes sont considérés comme des préceptes religieux. Le livre sert à prévoir la pluie, les phases de la lune et les fêtes populaires non fixes, mais aussi les moments propices pour couper le bois, préparer les médicaments entre le lever et le coucher du soleil, etc. Par exemple, pour obtenir des vanneries résistantes, il convient de couper le bambou lorsque la lune décroît.

Parce que le paysan se trouve en communication permanente avec la nature, les Rabelados détiennent aussi le

Livre de Sao Cipriano sur la Magie noire - condamné par l'église depuis Vatican I (1870). Ils utilisent également un précis de médecine traditionnelle qui leur a permis de mettre au point une pharmacopée très élaborée.

"Les Rabelados affectionnent le latin, moins pour la lecture car les leaders maîtrisent mal l'écrit, ni le portugais et encore moins le latin, mais pour le discours qui valorise la langue vernaculaire, souligne le sociologue Claudio Furtado. De plus, la manipulation des livres revêt un effet symbolique, même si les paroles semblent apprises par cœur !" Selon le Padre Constantine, les prêtres ont introduit des passages en portugais et en créole dans les textes originaux en latin, afin d'en faciliter la compréhension. Mais le contenu reflète exactement le message de l'église ! "En parallèle, ils ont inventé des chants en créole qu'ils prononcent en portugais latinisé en montant les "a" et en descendant les "o"," complète Misa.

L'invention d'un mode de vie pour reconstruire une identité culturelle

D'après l'artiste plasticienne, les racines des Rabelados et l'errance religieuse qui forgent leur identité, reposent sur deux piliers. Le premier est spirituel : ils défendent leur foi. "Dieu est pour tous car nous sommes tous frères". L'autre base est matérielle : ils se considèrent comme des fils trois fois reniés. D'abord, ils sont les enfants des esclaves venus d'Afrique sans possibilité de retour car ils sont métis. Ensuite, ce métissage a fait d'eux des fils illégitimes. Enfin, en les poursuivant pour avoir voulu préserver l'héritage culturel transmis par leurs parents, la colonisation a réussi à les séparer de leurs propres frères capverdiens. Et ce sont eux que l'on traite de Rebelles ! "Ceux qui transportent la parole divine ont toujours été poursuivis et persécutés, poursuit l'artiste. Voilà pourquoi ils se considèrent "Révélés" !"

Par principe, les Rabelados n'ont jamais tourné le dos au Cap-Vert, mais leur volonté de garder l'héritage matériel et spirituel transmis par la mémoire collective ou l'imaginaire de leurs ancêtres d'origine africaine, les a conduits à inventer une autonomie propre, conforme aux références conquises. "Je m'appelle Rabelado, fils de notre Seigneur Jésus-Christ", déclarent-ils en guise d'identité pour maintenir la protection collective du groupe.

Comme ils ne veulent pas dépendre d'un patron ni se laisser manipuler par la société, ils assurent leur survie à travers la valorisation des matières premières et les travaux manuels. Jusque dans les années 1960, les Rabelados ont construit des maisons en pierres de forme ronde et coiffées d'un toit de paille. Ensuite, pour suivre l'exemple de Jésus-Christ, ils ont inventé le "Funco", une architecture de maison humble, garante de tout détachement matériel et de la non-concurrence entre frères. Chapeauté de paille et sisal, le Funco est constitué d'une armature de bois, de parois en carris (petits bambous) et d'une porte toujours orientée au Nord, en direction de Jérusalem. À l'intérieur, les panneaux de carris tressés servent à compartimenter l'espace. En revanche, les Rabelados ont gardé les traditions rurales capverdiennes des XVIIe et XVIIIe siècles, avec le tissage des pagnes, la fabrication des vanneries (panier, chapeau, etc), des tapis en feuilles de bananiers, des balais, du savon, des sucreries, mais aussi des poêles, boîtes, auges et autres lavoirs exécutés à partir de bidons en métal qu'ils vendent au marché.

Pour vivre, ils cultivent le maïs, la pomme de terre, le haricot, etc, et pratiquent l'élevage des vaches, chèvres, cochons et ânes. Ce qui leur permet de vendre également du fromage et du lait. "Les Rabelados sont des commerçants, rappelle Misa. Ils n'ont jamais manifesté le désir de vivre fermé !" Cependant, ils refusent tout symbole de modernité comme la radio et la TV. Porteurs de la parole divine, ils recourent aux prières et à la médecine traditionnelle à base de plantes pour se soigner. Préparée à la maison, cette pharmacopée s'avère souvent mêlée de sorcellerie comme partout à Santiago. Il faut préciser qu'en 1962, la prestation d'assistance médicale et sanitaire de l'Île compte seulement un hôpital avec quatre médecins à Praia, et une infirmerie dans les deux Conseils de Santa Catarina et de Tarrafal. Pauvres pour la plupart, les habitants des régions très éloignées du poste sanitaire ne peuvent donc pas payer le déplacement d'un infirmier !

En matière d'éducation, les Rabelados défendent un modèle fondé sur l'immédiateté des sensations. Les enfants sont nés avec un don qu'ils doivent découvrir ou conquérir librement dans l'école de la vie. Les adultes ont le devoir de les aider dans ce cheminement, mais sans imposition pour ne pas polluer leur esprit. En outre, leur pauvreté ne permet pas de soutenir financièrement un enfant jusqu'à l'âge de 30 ans sans garantie d'emploi, donc ils préfèrent valoriser les matières techniques ! "La véritable éducation est d'ordre moral et ne peut se former que parmi la misère la plus noire, loin de l'école mensongère sur le plan des valeurs humaines," écrit Luis Romano dans Famintos[37]. De la même façon, les Rabelados estiment que l'éducation morale est comprise dans les Ecritures, et s'accomplit spirituellement à travers les *ladaïnhas*. Quant à la connaissance politique, ils se réfèrent au livre d'Amilcar Cabral, le "Père" de la lutte pour l'indépendance nationale, pour apprendre à se défendre en société.

Les Rabelados ont mis au point un système de vie à la fois communautaire et individuel. Chacun travaille pour son salut. La purification sur terre et la sanctification au ciel dépendent des actes accomplis au cours de sa vie. La bible montre le chemin pour agir en faveur de son âme. Tout le

---

[37] Voir Annexe II - Références bibliographiques.

monde est responsable et solidaire. "C'est le système de *djunta mô* (unir les mains), explique le journaliste et écrivain Danny Spinola. Une forme de solidarité et d'entraide qui s'étend à toutes les activités." Ainsi à l'intérieur de la communauté, chacun aide les autres à semer, sarcler, récolter, construire sa maison, et même à célébrer un baptême, un mariage ou un décès en apportant des denrées alimentaires.

Comme en Afrique dans les groupes dits primitifs, un homme marié a le droit de proposer à une femme abandonnée ou veuve, de partager son ménage tout en gardant sa maison. Une polygamie dite sociale qui permet à la fois de maintenir l'équilibre sociétal de la communauté et d'éviter aux femmes de se marier en dehors de sa structure. "Dans leur quotidien, on retrouve de l'animisme, des superstitions et beaucoup d'histoires mêlées avec le catholicisme," indique Misa. Il faut balayer la maison de la porte vers l'intérieur pour appeler l'abondance, allumer une seule bougie sur la table pour ne pas alerter les esprits, nouer son foulard sans laisser passer la chevelure, ...

Un Rituel en relation directe avec Dieu

D'après le chef Tchetcho, la croyance des Rabelados diffère de celle des prêtres antiques, parce que le monde est devenu de plus en plus matérialiste. Confronté à la tentation, l'homme est dominé par le Mal. La multiplication des religions, les faux prophètes et les catastrophes qui correspondent au "temps du fer" ou de l'Antéchrist, annoncent la Fin des temps ! Dans l'Apocalypse de Saint Jean, il est écrit que la fin du monde est individuelle. Seuls à suivre la vraie religion du début, les Rabelados incarnent les Elus du Christ. Après la fin du monde, ils vont être sauvés et régner pendant 1000 ans dans Son Royaume. Pour atteindre ce "temps de l'or", chacun doit forger son évolution spirituelle en relation directe avec Dieu, grâce à la charité et l'espérance.

Parce que sur terre, tous les hommes sont égaux et pécheurs comme eux, ils ne reconnaissent pas le Pape comme divinité et refusent de se confesser à un prêtre. Dans leur vision du monde, l'escalier divin ou échelle de la vie passe symboliquement par Dieu, les anges, le saint, l'homme, la femme, les enfants, les animaux et la nature.

Les prières collectives s'organisent en trois temps : la foi (temps de l'incarnation avec la naissance de Jésus-Christ), la douleur (passion de notre Seigneur ou temps de la souffrance 45 jours plus tard), et la gloire (premier jour des Cendres). Les trois types d'oraison les plus suivies sont les *ladaïnhas* de promesse avec l'action de Grâce pour un bienfait reçu, les *ladaïnhas* pour les morts, les *Rézas*, les Neuvaines et les *Staçons*[38] pour les prières funèbres. Jusqu'en 1941, il convient de noter que ces pratiques constituent les formes les plus voyantes du catholicisme local pour la majeure partie de la population !

Les Rabelados ont un symbole, c'est leur petite croix de bois brut autour du cou, qu'ils confectionnent sans clou - à cause de la crucifixion de Jésus - en reliant les deux parties par un fil de coton. Fait de la main de Dieu, le bois représente l'arbre de vie avec ses racines en enfer et ses branches englobant le monde. Inspirée de l'Evangile de Saint Mathieu (10.38, 16.24), la croix dessine l'escalier des âmes pour monter jusqu'au ciel. La statue de Jésus n'y figure pas puisque le Christ s'est transformé en esprit pour monter au ciel. "Il est écrit qu'on n'adore pas les images ni les sculptures fabriquées par les mains de l'homme, souligne Tchetcho. Donc ni Jésus ni les saints ne sont matériels !" Dans le même fil qui tient la croix, les Rabelados portent une amulette de jais (Sibitchi) qui les préserve du mauvais œil.

---

[38] Voir Annexe I - Définitions.

Pour les ladaïnhas, Rézas, neuvaines et autres prières, les Rabelados utilisent également un crucifix pour signifier la présence de Dieu (Isaïe 7.14). Lors des ladaïnhas précédant Pâques, ce crucifix est revêtu d'un drap blanc, à la fois pour rappeler les souffrances du Christ et par respect pour le saint concerné par la prière. Le samedi (jour des saints) et le dimanche (jour du Seigneur) sont réservés aux activités religieuses et à la lecture biblique "depuis l'ancienne Eglise". Ces jours-là, personne ne travaille. Tout le monde jeûne jusqu'à 15h et prie devant la croix dans la maison du chef. Assimilées à un sacrifice spirituel offert à Dieu, les fêtes des Rabelados se conçoivent sans musique et sans danse. Et s'il y a beaucoup à manger, ils ne boivent pas.

CHAPITRE IV

De 1961 aux années 1990
Une résistance au changement

« Le sens de l'action n'est pas uniforme puisque ses orientations dépendent des degrés de conscience plus ou moins élevés »

Max Weber

« Condition de la résistance, la culture est en même temps déterminante de la forme et des méthodes de lutte »

Amilcar Cabral

Le PAIGC ou la réafricanisation des esprits

Dans les années 1960-70, les Rabelados rejoignent spirituellement le PAIGC, Parti africain pour l'indépendance de la Guinée-Bissau et du Cap-Vert[39], c'est-à-dire le mouvement de libération anticolonialiste et son fondateur Amilcar Cabral, autour duquel ils vont créer une sorte de légende. L'historien Luiz Silva résume la situation ainsi : "Si l'émigration a constitué le bras armé de l'indépendance du Cap-Vert, l'Indépendance a permis aux Rabelados de trouver leur identité et de participer au grand élan national".

Du fait de l'insularité et de la discontinuité territoriale, il n'y a pas eu de révolte au Cap-Vert, seulement une lutte politique clandestine menée par des militants et par des tracts ! "Comme Amilcar Cabral l'a parfaitement analysé, c'est la prise de conscience des racines africaines de la

---

[39] Le 19 septembre 1956, les indépendantistes du Cap-Vert et de la Guinée-Bissau, autre colonie portugaise en Afrique de l'Ouest, s'allient pour former le PAI, Parti africain pour l'indépendance, qui devient le PAIGC en 1960.

culture capverdienne qui a servi de détonateur à la lutte de libération et constitué l'âme du combat de résistance," a rappelé Dulce Almada Duarte, lors du Symposium "Pour Cabral" [40] qui s'est tenu à Praia en janvier 1983 ! "Mais si la mobilisation a pris appui sur les populations ayant conservé cette culture, c'est-à-dire sur celles qui n'ont pas été atteintes par la politique d'assimilation du colonisateur, elle n'émane pas des masses paysannes, nuance l'historien Antonio Correia e Silva. Il s'agit de la petite bourgeoisie des fonctionnaires publics, de leurs enfants, et des commerçants du monde urbain qui ont pour ambition d'accéder au contrôle de l'Etat !" Il n'empêche que les Rabelados ont vu dans ce mouvement des nationalistes dirigé par Amilcar Cabral, un potentiel, une vocation et un symbole de résistance. Pour le diplomate Onésime Silveira, "la raison de leur adhésion est claire, puisque Cabral revendique l'indépendance du pays, un pouvoir noir, un pouvoir africain, un pouvoir pour Santiago !" Force est de constater que les Conseils de Santa Catarina et Tarrafal - où se trouvent les plus grands propriétaires terriens et un nombre d'autant plus important de paysans exploités - sont les plus concentrés en résistants.

L'architecte Pedro Martins est le premier militant de terrain à entrer en contact avec les chefs Rabelados pour organiser la lutte. "À maintes reprises, la population a été utilisée contre eux, raconte-t-il. Il a fallu les convaincre que nous étions de confiance ! Ils nous ont dit être informés sur la lutte d'Amilcar Cabral et de ne pas nous préoccuper pour eux car ils s'y sont préparés depuis de longues années !" Tout comme le PAIGC combat la domination étrangère, sans représailles mais pour améliorer les conditions de vie de la population, ils ont pour philosophie de s'appuyer sur leurs propres efforts. Ils défendent aussi l'idée qu'Amilcar Cabral

---

[40] Voir Annexe II - Références bibliographiques.

a combattu pour libérer les hommes et qu'eux-mêmes luttent pour libérer les âmes. "Au fond, Les Rabelados disent avoir agi pour la même cause," résume le Padre Ima !

Pour sa part, Benvinda, une Rabelada d'Achada Bel Bel, affirme que Nhô Fernando a reçu des documents de la part d'Amilcar Cabral. L'historien Humberto Lima est convaincu de l'existence de contacts entre les nationalistes et les Rabelados, du fait de leur adoption très rapide des symboles de l'Indépendance, à savoir le drapeau du PAIGC et la figure de la liberté incarnée par Amilcar Cabral ! Quant au journaliste Jorge do Santos, il souligne avec intérêt que les Rabelados n'ont jamais donné à quiconque la possibilité d'arriver jusqu'à eux, et qu'après 1975, ils vont élire Amilcar Cabral comme leur guide !

Un combat en apparence pour la même cause

Pendant la lutte de libération nationale, l'Eglise se montre réticente à l'égard du PAIGC athée et marxiste. Avec la proclamation de l'Indépendance du Cap-Vert le 5 juillet 1975, sa place jusqu'ici au centre de la structure sociale et éducative, se trouve contrecarrée par l'arrivée du Parti unique au pouvoir. Selon le diplomate André Barbe[41], la Constitution de 1980 va renforcer encore la concurrence directe avec l'Eglise, en faisant du Parti "la force dirigeante de l'Etat et de la Société". L'Etat devient laïc. À cette même époque, la puissance coloniale sait se servir des anciens conflits opposants des Guinéens aux Capverdiens[42], pour inciter à l'assassinat d'Amilcar Cabral par la main même d'un Guinéen, le 20 janvier 1973 à Conakry. De fait, le projet d'une unité entre la Guinée-Bissau et le Cap-Vert est abandonné et le PAIGC devient le PAICV, Parti Africain

---

[41] Voir Annexe II - Références bibliographiques.
[42] Dans le commerce entre les négriers et le Continent africain, les Portugais se sont servis des Capverdiens comme intermédiaires, leur confiant des postes importants en Guinée-Bissau.

pour l'indépendance du Cap-Vert. Enfin, c'est en 1990 et sans guerre civile, que le Cap-Vert va s'ouvrir au multipartisme.

Prenant conscience de tous ces changements - c'est-à-dire de l'arrivée d'un nouveau Pouvoir en opposition à celui de l'Eglise - et de l'absence de contrainte religieuse, on aurait pu supposer que les Rabelados par nature contre l'administration religieuse en place, vont choisir de se ranger aux côtés du mouvement de la liberté, fait remarquer le député Kaka Barbosa ! Et pourtant, ils persistent à garder leur Bible, leur forme de penser, et adoptent le drapeau du PAIGC mais sans adhérer au Parti. D'après le chef Tchetcho, c'est au moment de l'Indépendance que les Rabelados reçoivent le drapeau national de la part d'Aristide Pereira, premier Président de la République. Pour eux, il ne s'est pas agi d'un choix politique mais d'un symbole qu'ils brandissent à l'occasion de leurs manifestations un peu formelles, en clamant "Vive l'indépendance entre les hommes". Le 15 décembre 1979, le Padre Moniz signe un article sur les Rabelados, dans lequel il parle d'une sorte de secte politico-religieuse et de descendants d'esclaves marrons restés à l'écart de la vie moderne et défilant en file indienne avec le drapeau du PAIGC. "Ils se prétendent les purs du Parti au grand damne du Gouvernement, conclut-il. Mais en réalité ils ne sont pas bien inquiétants !"

Selon le Ministre de la Culture Manuel Veiga, les Rabelados ont commencé à croire dans les hommes au Pouvoir après l'Indépendance. En revanche en 1980, tout comme ils ont refusé l'arrivée des prêtres blancs en 1941, ils n'ont pas accepté de changer le drapeau du PAIGC pour celui du PAICV, sans aucun lien avec Amilcar Cabral. "Nous sommes les vrais descendants des Africains de Guinée, explique Tchetcho. Le drapeau de l'Indépendance, c'est celui du PAIGC. Nous considérons Amilcar Cabral comme un frère qui a accompli sa mission sur terre, en nous apportant la liberté. Un homme qui a réussi une telle mission est entré dans l'Eternité et a gagné la Lumière, c'est-à-dire qu'il est vivant." Encore aujourd'hui, en hommage à leur héros dont ils récusent la mort, ils maintiennent le drapeau de l'Indépendance comme le souvenir du premier étendard africain unissant la Guinée et le Cap-Vert. "Ce sont des gens très cohérents dans leur façon de vivre et très fidèles à leurs principes, reconnaît le Ministre. Ils respectent les gens et attendent la réciprocité." De l'avis de Kaka Barbosa, les Rabelados ne se sont jamais opposés au gouvernement du Cap-Vert et ont approuvé l'indépendance ! Simplement, ils ont conservé leur mode de vie avec un sentiment de meilleure liberté. Aucune interférence avec le communisme ne s'est produite dans la communauté, ni agression, ni préjudice ou imposition, affirme le député. Les Rabelados se sont reconnus dans le message du PAIGC, plus approprié à leur entendement. Ils ont pris eux-mêmes l'initiative de s'en approcher et cette situation à permis d'entretenir un dialogue plus favorable à l'évolution de leur situation.

En fait, ils ont suivi la politique d'Amilcar Cabral malgré eux ! Il s'agit d'une forme d'indépendance et d'assimilation culturelle. "Amilcar Cabral a vu en eux des résistants, mais eux n'ont pas participé à la lutte, estime le député Joao de Rosario !

Des témoignages controversés sur la résistance politique

Kaka Barbosa entend parler des Rabelados comme d'un groupe de gens vivant en aparté des Blancs, pour la première fois en 1966-68. Et cette notion qui va survivre sans tentative d'intégration de la communauté jusque dans les années 1990, s'avère indépendante de la couleur de la peau. Pour le député, elle s'apparente davantage à des coutumes propres et à un déphasage de dialogue entre les modernes et des conservateurs sur le plan religieux. "On a tendance à politiser les attitudes très identitaires à l'encontre du colonisateur, estime pour sa part l'historienne Elisa Andrade. Alors que revendiquer une identité, c'est opposer une défense !"

Dans différents contextes, les Rabelados ont été marginalisés par le pouvoir colonial, puis par la société civile et le gouvernement national. Pourquoi la discrimination aurait-elle cessé du jour au lendemain ? Après l'Indépendance, les autorités capverdiennes ont continué à poursuivre les Rabelados. Ainsi, dans un article du Journal A Semana du 7 octobre 2005, Nhô Agostinho est injustement menacé d'une arme par la police de Calheta de Sao Miguel pour un litige de terrain, dont il n'est aucunement responsable. De même, la population a été utilisée pour les ridiculiser, affirme Misa. Elle les a méprisés parce qu'ils ne vont pas à l'école et n'ont pas les mêmes principes d'hygiène. Elle les a injuriés en leur lançant des pierres et en maintenant encore aujourd'hui la dénomination d'Incroyants et d'Ignorants. D'après l'architecte Pedro Martins, chaque fois que les Rabelados se sont rendus à Santa Catarina avant l'ouverture politique, ils ont été interrogés par l'administration et conduits à la prison, simplement pour être descendus en ville. Et là, on a pris leurs croix pour les détruire. "Par la suite, lorsque nos compatriotes sont venus du maquis pour assister à des meetings politiques, il a fallu les protéger, non par crainte de leur comportement mais à cause des réactions éventuelles de la population," précise-t-il.

"Au moment de l'Indépendance, ils se nomment eux-mêmes Rabelados. Mais rebellés contre quoi et contre qui, puisque ce sont des Capverdiens," s'étonne encore l'architecte, persuadé qu'il s'agit d'un système de défense utilisé pour survivre !

C'est le député Emmanuel Monteiro qui leur fournit un nouveau drapeau PAIGC. Il se souvient de l'époque où ils ont cessé de fréquenter leur famille et commencé à se regrouper pour s'écarter de la vie sociale et se marier entre eux. "Depuis, ils ont assumé la désignation de Rabelados qui leur a donné plus de capacité de croire à leur différence," estime-t-il !

Egalement habitant de Calheta de Sao Miguel, Nhô Taninho, 105 ans, témoigne qu'avec une foi inébranlable et par tous les temps, certains ont dû parcourir jusqu'à trente kilomètres chaque fin de semaine, pieds nus, avec leur croix au cou et leur bible à la main, pour assister à la lecture biblique de Nhô Agostinho à Espinho Branco. Il confirme que le groupe est commandé par le chef tenant le drapeau du PAIGC, et que dans les années 60, ils portent la barbe et des cheveux "hauts" comme Fidèle Castro et Che Guevara. "Les Rabelados confectionnent leurs propres vêtements, se font des rastas, ne mangent pas de viande de porc et enterrent leurs morts aux abords du cimetière, ajoute-t-il. Ils vivent dans la misère mais avec dignité, et n'acceptent aucune aide, seulement le troc !"

En 1964, lors d'un séjour d'un an dans l'île de Maio, Luiz Silva se lie d'amitié avec trois Rabelados déportés. Le sentiment de l'historien ? "Ce sont des samouraïs qui ont puisé dans l'Ancien Testament le courage de résister et d'enfreindre la mort pour une meilleure justice sociale. Ce sont aussi d'honnêtes gens qui n'ont jamais constitué un danger sauf pour l'Eglise, dont ils ont questionné les fondements !" depuis 1975e ministre Manuel Veiga déclare pour sa part, éprouver du respect pour cette Communauté. À l'époque, responsable des premières élections réalisées à Santa Catarina, il est chargé d'organiser le recensement de la population, mais les Rabelados n'ont pas voulu donner leur nom. Convoqués en ville, ces derniers se sont déclarés prêts à être arrêtés. "J'ai été frappé par leur détermination, raconte le Ministre. En Afrique, donner son nom revient à donner un atout à l'autre !" Toujours à Santa Catarina, cette fois en tant que Responsable de la distribution des denrées alimentaires (riz, blé, sucre) en provenance de l'étranger, il est surpris par leur attitude de solidarité rare vis-à-vis d'autres gens plus nécessiteux qu'eux-mêmes ! Lors de la première réunion du Parti pour l'Indépendance au Cap-Vert, Pedro Martins se souvient avoir posé la question des Rabelados, afin d'aider ce groupe de Capverdiens, tout à la fois persécutés et coupés du développement social et économique par les autorités, et rejetés par la société. "C'est sûrement à cause de leur petit nombre et de leur éparpillement dans l'intérieur de l'Île, que la Direction du Parti n'a pas donné d'importance à cette communauté, déplore l'architecte, convaincu que le mouvement a été assimilé à du folklore par manque de connaissance. Tout comme aujourd'hui encore, le Gouvernement du pays n'a pas cherché à encadrer ce groupe vulnérable, pour lui permettre de se développer normalement avec ses propres valeurs, alors que les grands chefs traditionnels ont disparu.

À son avis, il est temps que les Rabelados bénéficient d'une intégration totale dans la société, c'est-à-dire conduite et structurée dans le temps et l'espace. "Nos références sont très européennes, fait remarquer Misa. Nous conservons génétiquement au fond de nous-mêmes, des plaies liées à nos antécédents historiques et aux valeurs de nos parents et grands-parents, qu'il nous faut cicatriser !"

Un phénomène d'auto-exclusion uniquement ?

Après l'indépendance, on peut s'interroger sur le bien-fondé d'une philosophie créée pour lutter contre les autorités coloniales et qui perdure, même si la raison supérieure a disparu. S'agissant du refus du drapeau du PAICV, le sociologue Julio Correia, Vice-président de l'Assemblée nationale, discerne une opposition des Rabelados au régime actuel. "Le jour de l'Indépendance, il s'agit d'une simple adhésion de la part d'indépendantistes déjà convaincus, estime-t-il. Et la poursuite de leur mouvement prouve que sans besoins ni raisons internes d'évoluer, ils savent résister au changement !" Selon le chercheur Richard Lobban, la résistance des Rabelados constitue un mouvement de revitalisation, afin de retrouver ses racines face à la puissance coloniale. Mais le rejet des règles des classes dominantes portugaises puis du PAICV après la période de la colonisation, indique qu'il s'agit aussi d'un problème politique même passif !

"Au-delà du phénomène de résistance de l'époque, il est aussi question d'une autre façon d'interpréter la religion et la vie, déclare le Ministre Manuel Veiga. Je crois que les Rabelados ont marché en parallèle de la lutte clandestine et qu'ils reproduisent le mythe d'Amilcar Cabral sans l'avoir jamais rencontré." Selon Iva Cabral, il s'agit historiquement d'une résistance culturelle, pas seulement religieuse. Les Rabelados ont conservé leur mode de vie et leurs traditions religieuses, davantage pour lutter contre la domination de l'Eglise mais aussi du colonisateur. C'est la forme qu'ils ont trouvée pour réagir à l'oppression et à l'aliénation totale. Même s'ils ont été utilisés politiquement, dès lors qu'ils transforment le drapeau en symbole, ils lui confèrent une valeur culturelle qui ne représente plus la politique, souligne l'écrivain. Pour eux, Amilcar Cabral - en l'occurrence son père - n'évoque pas le Révolutionnaire mais une idole avec une dimension de religiosité.

À l'instar de la population de Guinée-Bissau, les Rabelados n'ont pas accepté le passage du PAIGC au PAICV. Il y a eu une cristallisation sur le discours de Cabral, comme avec les missionnaires de l'Eglise dans les années 1940. En Afrique, il existe un fétichisme de la parole, poursuit Iva Cabral. Ce qui est sacré, ce n'est pas tant ce que disent les mots mais ce qu'ils véhiculent ! C'est pourquoi après l'Indépendance, ils continuent à s'isoler et à revendiquer leur culture héritée de l'Afrique. "C'est seulement avec la nouvelle génération actuelle qu'ils vont commencer à s'ouvrir, fait-elle remarquer ! Il est vrai que la lutte pour l'Indépendance a libéré aussi la culture Badiù de la clandestinité. Aujourd'hui, les musiques d'errance africaine et les traditions comme le Batuque et le Funana, la Morna et la Coladeira fleurissent ! Pour l'écrivain, il est clair que l'espace de résistance des Rabelados se restreint chaque fois un peu plus.

Si Pedro Martins partage l'avis d'Iva Cabral à propos du prétexte de la religion, il attribue une dimension politique à l'opposition des Rabelados. "Même dans les périodes de famine, ils ont préféré mourir plutôt que de travailler pour l'Etat, argumente-t-il. C'est une prise de position claire, courageuse et forte pour se maintenir libre !" Pour le sociologue Nelson Cabral, l'histoire des Rabelados constitue une matérialisation des rapports de force entre dominants-dominés. "Au Cap-Vert, la loi coloniale ne s'est pas appliquée dans toute sa plénitude, parce que c'est un pays pauvre. Ici, la religion est passée du latin au créole sans transiter par le portugais, affirme-t-il. Après l'Indépendance, certains ont voulu récupérer le mouvement mais sans fondement !"

De son côté, le philosophe Tomé Varela da Silva rappelle que le nom des Rabelados signifie rebelles contre des positionnements socio-religieux et que leur isolement peut aussi exprimer une tentative d'éviter toute contamination. D'après Kaka Barbosa, la base idéologique d'une communauté constitue l'un des éléments d'union qui lui donne du support. Dans le cas des Rabelados, cette base est religieuse. Il s'agit probablement d'un cheminement et de la nécessité de former un groupe non conformiste avec des valeurs communes. Pour sa part et au regard du contexte, l'anthropologue Orlando Borja attribue un aspect politique à leur action, puisque les Rabelados mentionnent toujours le nom d'Amilcar Cabral et qu'ils ne travaillent pas davantage pour l'Etat capverdien ! Toutefois, il ne considère pas leur résistance comme la stratégie d'une organisation classique de pouvoir pour combattre un autre pouvoir. "Ils sont confrontés à une situation de danger, déclare-t-il. Il s'agit d'une dynamique pour défendre leur situation et pour survivre dans leur intégrité de communauté !"

Selon Misa, lorsque les Rabelados ont défilé avec le drapeau du PAIGV devant le Président Pedro Pires, on a menacé de les envoyer en Guinée. "Aucune explication n'a été donnée sur le choix d'un nouveau drapeau pour consacrer l'uniformisation de la Nation capverdienne, affirme l'artiste. Pourtant Amilcar Cabral a laissé comme message au Gouvernement d'intégrer les Rabelados dans la société capverdienne, en respectant leurs propres valeurs. Mais cet encadrement n'a pas été pris en compte !" Autrement dit, une fois encore, le manque d'information est à l'origine de la mauvaise interprétation et non pas le refus du changement !

"Puisque leur situation n'a pas évolué, il s'avère normal que leur résistance se perpétue après l'Indépendance du pays," s'exclame l'historien Antonio Carreia e Silva ! Peut-on parler également d'un phénomène d'exclusion sociale ? "Pour vendre, il faut un acheteur, illustre Joao de Rosario. Or, lorsque Leao Lopes, le Ministre de la culture à l'époque, a souhaité rencontrer les Rabelados, il n'a pas été reçu !" Peut-être ce dernier s'est-il rendu dans la Communauté avec l'esprit d'une administration centrale, c'est-à-dire avec le même message jadis contesté par les Rabelados ?

"On perçoit bien le conservatisme du Badiu tant pour la religion que pour le PAIGC, poursuit le député, qui se refuse à parler de marginalisation mais simplement d'un manque de préparation à cette ouverture. Car le changement de drapeau est bel et bien associé à des raisons politiques légitimes !"

En d'autres termes et même si aucune politique publique active n'a été prévue pour les intégrer, il ne s'agit pas d'un rejet par la société mais d'une auto-exclusion. "C'est Misa qui va créer cette ouverture avec un autre langage puisque c'est une artiste, ponctue le député. La raison vient toujours d'ailleurs !"

Chapitre V

Interprétation des pratiques religieuses
Un métissage des croyances et des rites

> *« Loin des visions dualistes conçues en termes d'altérité, les mondes mêlés de la monarchie catholique dévoilent des paysages toujours imprévisibles »*
> Serge Gruzinski

Un processus d'hybridation religieuse

Lorsque les Portugais occupent l'espace atlantique, l'Europe médiévale et méditerranéenne est en train de se forger au catholicisme. C'est la fin des croisades et la reconquête de la chrétienté face au monde moderne. C'est la période des Conciles et l'impulsion de la Réforme protestante donnée par Lüther et Calvin qui militent pour un retour à l'Eglise primitive. Dans la Péninsule ibérique, après la reprise des anciens bastions aux Maures, une nouvelle catégorie de bourgeois chrétiens dénonce le commerce des Juifs, afin de les faire expulser (Inquisition) et de mieux s'approprier leurs richesses. C'est dans ce contexte économico-religieux compliqué, que les Portugais occupent les îles du Cap-Vert.

Qui vient ? Pas seulement des Chrétiens de Rome. De nombreux écrits[43] mentionnent la présence de Juifs exilés ou convertis (Marranes ou nouveaux Chrétiens) dans l'Archipel. Et ces derniers vont adopter des pseudo-noms chrétiens

---

[43] Voir la thèse d'Avner Perez en Annexe II - Références bibliographiques. Voir aussi Notes de Pierrette et Gérard Chalendar sur L'émigration des Juifs portugais en Afrique de l'Ouest, ainsi que les recherches de Jacques Massart, médecin belge résident au Cap-Vert, disponibles sur le Web.

sans renier leur foi, conservant leurs rites dans la clandestinité ou mêlant éléments juifs et chrétiens. Mais pour l'historien et anthropologue Charles Akibodé, la rupture profonde intervient avec l'arrivée des Africains, forts de leurs religions traditionnelles, parfois même touchés par l'Islam présent en Afrique occidentale depuis le VIIIe s, et ignorants tout de la religion catholique ! Et cette population va se trouver confrontée à une religion chrétienne toute puissante qui fait table rase du passé pour imposer un ensemble de pratiques et de croyances unique !

On a vu que la christianisation menée par les missionnaires Franciscains, dont l'esprit de pauvreté s'inscrit en réaction à l'enrichissement et à la politisation de l'Eglise, s'inspire de la tradition apocalyptique. Pour l'écrivain Serge Gruzinski[44], la force de ce récit messianique récurrent sur le retour du Christ depuis le Moyen-Âge, réside précisément dans sa capacité à convaincre les adeptes que les malheurs du temps présent annoncent un bien supérieur ! On sait par ailleurs que les esclaves destinés à rester au Cap-Vert ont été ladinisés, mais que le marronnage, c'est-à-dire leur fuite hors de la propriété du maître, a sans doute perturbé l'entretien de la catéchèse initiale. S'ajoutent le laxisme des *Padre* de terre, ainsi que tous les livres religieux traduits en ce temps-là et recopiés ! Pour l'anthropologue, cette imprégnation du christianisme dans la société, va laisser des marques profondes au niveau de la structure sociale, dont la création du mouvement des Rabelados.

Quant au choc des années 1940, il s'est conjugué avec l'arrivée des missionnaires évangéliques - d'abord de l'Eglise du Nazaréen - au sein d'une population contestataire qui a assimilé peu ou prou toutes ces croyances et déviances. Julio Monteiro n'écrit-il pas dans son étude[45] : "On peut affirmer

---

[44] Voir Annexe II - Références bibliographiques.
[45] Voir Annexe II - Références bibliographiques.

qu'au Cap-Vert, dans les couches moins évoluées de la population, la religion est pour le catholicisme, ce que la langue créole est au portugais !"

Un archaïsme essentiellement syncrétique

Tous les livres des Rabelados reflètent ce mélange de croyances, déclare le Frère Franciscain Luc Mathieu. Et pour qualifier leurs pratiques religieuses, il parle de syncrétisme. Tandis que l'écrivain Jean-Yves Loude utilise l'expression de marronnage religieux.

Ainsi, le livre "L'imitation de Jésus", succédané de l'Evangile cité par le Padre Sanches, vulgarise la Dévotion moderne. Principalement actif à la fin du Moyen Âge aux Pays-Bas, ce courant spirituel prône la religion comme une affaire personnelle en relation directe avec Dieu par la voie de l'intériorisation. Et cette méthode de piété individuelle et d'adoration peut conduire à un grand mysticisme, tout comme celui des Rabelados !

Amorcée dès le XVe siècle, la Réforme protestante constitue une réaction contre une structure d'Eglise oppressante et une papauté pas vraiment exemplaire[46]. Avec son questionnement central du salut par la foi (notion de sanctification et de sainteté), elle reflète également l'angoisse des âmes. On sait aussi que dans la communauté, chacun travaille pour son salut et n'accepte pas le pardon !

D'une certaine façon, la préoccupation de la Fin du monde qui habite l'imaginaire Franciscain[47], peut expliquer les pratiques des Rabelados face aux bouleversements du

---

[46] Au début du XVIe siècle, l'Eglise catholique vend à tour de bras des indulgences (faveurs spirituelles). Avant tout Evêque de Rome, le Pape favorise les grandes familles romaines et occupe une situation de pouvoir.

[47] L'Ordre des Franciscains est aussi l'un des protagonistes de la Théologie de la libération, un mouvement social et religieux de la fin des années 1950 en Amérique latine, qui établit parfois des ponts avec le marxisme, en proposant de libérer le peuple de la pauvreté et d'en faire les acteurs de leur propre libération.

monde moderne, ajoute Frère Luc Mathieu, en précisant que l'Apocalypse est un livre de révélation suggestif et aisé à interpréter.

À propos de leur système de croyances codifié, le Pasteur José Monteiro de l'Eglise du Nazaréen à Paris, discerne pour sa part un parallèle prononcé avec le courant protestant et les pratiques des Eglises issues de la Réforme, en matière de simplification du culte. Globalement, il perçoit un retour au christianisme primitif avec une référence à l'Ancien Testament et aux Dix commandements, le refus de l'autorité du Pape et de la confession, ainsi que la pratique de la lecture de la Bible et des litanies longues et ennuyeuses (incantations des *ladaïnhas*). Les Rabelados se servent aussi des Proverbes de Salomon, à la fois comme régulateur social pour la résolution des conflits au sein de la communauté, et comme source première de leur morale. De son côté, le Pasteur Aderito Ferreira de l'Eglise du Nazaréen à Praia, affirme que les Rabelados ne mangent pas de viande de porc et enterrent leurs morts le jour même et sans cercueil, qu'ils ne travaillent pas le dimanche (adoration du Christ) et observent un Sabbat (adoration du Seigneur Dieu). On se souvient de l'orientation systématique de la porte du *Funco* au nord, vers Jérusalem. Autant d'emprunts au culte judéo-chrétien… ou de résurgence de rites judaïques ancestraux !

À la manière du Judaïsme et des Eglises protestantes, les Rabelados ne sont pas non plus iconoclastes. Leur rigorisme s'avère dans le droit-fil des interdits bibliques : ils refusent l'image sculptée de Jésus sur la croix et des saints. Lors des célébrations, la croix est couverte d'un linge blanc comme dans les processions catholiques. Avec le spiritisme, ils entrent en revanche dans une considération syncrétique.

Le Pasteur José Monteiro note encore que la référence à l'Apocalypse et aux Dix commandements figure dans l'Ancien et le Nouveau testament. C'est la loi naturelle qui vaut pour tous les Chrétiens ! En revanche, la conception du salut chez les Rabelados s'approche de celle du Nazaréen par leur effort de servir Dieu en aidant les autres (Djunta mô, voire polygamie sociale).

La doctrine Méthodiste de John Wesley, dont s'inspire l'Eglise du Nazaréen, est dite de l'entière sanctification, précise le Pasteur. Elle promeut le dogme par lequel chacun est appelé et mis à part pour le service divin. Autrement dit, celui qui accepte de se mettre au service de Dieu, c'est-à-dire de vivre à plein-temps le service pastoral, consent aussi à mener une vie en marge du courant social et de toutes les passions mondaines. Encore une similitude avec les Rabelados, même s'il ne s'agit pas d'un retranchement comparable !

En revanche, ces derniers ne peuvent pas à la fois, refuser l'autorité du Pape, s'identifier au culte de l'Eglise primitive et revendiquer leur fidélité à l'Eglise catholique apostolique romaine, initiée sous la houlette des empereurs romains à partir du IVe siècle, affirme le Pasteur en soulignant la contradiction dans les termes ! Pour le Frère Luc Mathieu, il semble évident que la revendication de la notion d'Eglise primitive ne correspond à aucune réalité. "La population des Rabelados a été créée de toutes pièces, s'exclame-t-il. Elle ne peut pas détenir des racines historico-religieuses propres à Lüther - à savoir oublier XV siècles de tradition ! En lisant l'Evangile et les Actes des Apôtres, les Rabelados ont pu se projeter sur un passé, mais ça n'est pas leur passé !"

À noter, les chercheurs anglo-saxons[48] situent le christianisme primitif à la période des Conciles. Auparavant, ils parlent "d'un paléochristianisme équivalant à une forme

---

[48] Colloque "The ways that never part", Oxford Princeton University. Si les Eglises divergent sur les conciles reconnus, toutes reconnaissent le Concile de Nicée en 325, comme étant le premier.

spécifique de judaïsme recruté parmi les membres les plus eschatologiques des courants messianiques !"

Le savoir initiatique des chefs

L'ésotérisme désigne un savoir secret qui n'est dévoilé qu'à quelques-uns, reprend le Frère Luc Mathieu. À son avis, le chef s'appuie sur cet enseignement caché pour se proclamer interprète privilégié de la Bible et fonder son pouvoir spirituel. Il représente une sorte de gourou qui inspire confiance et prétend délivrer sa gnose[49] aux autres. "Avec des incrédules, il devient la référence absolue, constate le théologien. Mais du point de vue catholique, il s'agit davantage d'une dérive et d'un reliquat de pratiques animistes conduisant à la superstition et à la magie !"

Pour sa part, le Pasteur José Monteiro parle d'une révélation personnelle, c'est-à-dire de l'aperception et d'une sorte de clairvoyance permettant de décoder le Texte sacré et de comprendre ce qu'il signifie. "C'est une parole qui vous est adressée en propre et dont découle une conviction," simplifie le Pasteur. Au contraire de l'Eglise catholique où la tradition prévaut - seul le clergé a le droit d'interpréter les textes - cette approche démontre que dans le culte protestant, le rapport au Texte constitue la base de la foi ! L'ignorance ne signifie pas l'absence de savoir, mais une possession erronée de savoir dont on pallie par une pratique textuelle. "Je lis la bible, je la comprends, je suis instruit bibliquement parlant, donc je ne suis plus ignorant," résume le Pasteur ! Quant au philosophe Tomé Varela e Silva, il considère que les analphabètes travaillent plus sur la mémoire, et que cette façon de conserver la vie culturelle revient à savoir par cœur ce qui figure dans les livres !

---

[49] Science du salut fondée sur une connaissance de soi ou sur une révélation intérieure. Pour le gnostique, connaissance de soi est connaissance de Dieu.

"Deux raisons légitiment l'identification aux textes de l'Apocalypse par les groupes chrétiens marginaux, enchaîne le Pasteur José Monteiro. De par ses interprétations, le symbolisme du livre annonce une espérance et un espoir. Et ce facteur d'espoir donne une expectative et une dimension au groupe qui le guide dans sa survie. Il est bon de rappeler aussi, que le seul livre sur l'Apocalypse est celui de Jean (Nouveau Testament), et que Jean lui-même a fait allusion au livre de Daniel et à celui d'Isaïe (Ancien Testament). Autrement dit, il a puisé des images de la culture hébraïque chez ces deux prophètes, pour parler à son tour de l'armée occupante !

"Cet ensemble hétérogène de croyances et de pratiques développées sans jugement ni réflexion critique, prouve une culture très basique de la part des individus à l'origine du mouvement, fait remarquer le Frère Luc Mathieu. En revanche, la constitution d'un groupe "africain" très ciblé et distinct des Métis s'avère intéressante."

À vrai dire, les Portugais ont choisi un principe de colonisation fondé sur le mélange, où prédominent toujours ceux qui ont adopté le mode de vie des colons et constituent une aristocratie locale !

La formalisation d'une tradition inventée

À la différence du Brésil, des Caraïbes ou des Etats-Unis, il ne faut pas oublier qu'au Cap-Vert, l'apport africain s'est arrêté dès la fin du XVIIe siècle, rappelle l'écrivain Iva Cabral. Ensuite, c'est la clandestinité profonde qui va jouer. Les Rabelados ont nié le renouveau de l'Eglise, en résistant avec la première religion qu'ils ont connue. C'est-à-dire un Catholicisme archaïque lié à une survivance de leur culture un peu africaine. Pour le professeur et anthropologue Manuel Brito Semedo, cet archaïsme religieux est représentatif des croyances et pratiques de la population jusqu'aux années 1940. D'après Maria de Lourdes Gonzalves, responsable du Musée de la Tabanka, les Rabelados n'ont effectivement rien créé au niveau des croyances, seulement un ensemble de pratiques de nature rituelle et symbolique.

Selon l'artiste Misa, l'homme a la capacité de s'adapter face à la contradiction. Et donc en choisissant de fusionner avec la nature, les Rabelados ont inventé un autre espace de bien-être. Le Padre Sanches estime qu'il s'agit davantage d'une manifestation religieuse sans caractère politique ni ambition de former une secte que d'une religion ou d'une philosophie. Le culte créé résulte d'un processus lié à une révolte naturelle et non d'un phénomène ponctuel intervenu dans les années 1942-43. "Les Rabelados se sont dénommés Révélés de Dieu à la suite des maltraitances subies durant vingt ans. Mais ce Dieu n'est ni catholique ni protestant, c'est Dieu," affirme-t-il.

Pour Elisa Andrade, les Rabelados ont interprété à leur façon l'Eglise catholique apostolique romaine. Mais l'étude de leurs pratiques ne doit pas être dissociée de l'histoire plus globale du Cap-Vert ! "Toutes les traditions inventées utilisent l'histoire comme source de légitimation de l'action et comme ciment de la cohésion du groupe," confirme l'écrivain Eric Hobsbawm[50], en les distinguant clairement des coutumes. L'historienne suggère également de rapprocher ce phénomène de réaction des mouvements messianiques développés un peu partout en Afrique, avec la recherche d'une identité. "Face à la colonisation et à sa main mise culturelle, l'Eglise ou la religion telle qu'elle a été délivrée, est revenue à créer une identité," commente Elisa Andrade. Dans ce cadre, on peut se demander si le refus de vivre dans la modernité, n'est pas avant tout, un besoin de conserver cette identité !

---

[50] Voir aussi Références bibliographiques.

Pour sa part, Onésime Silveira accepte l'interprétation de "culture opprimée" due au sociologue français Georges Balandier. L'homme politique retient en effet, que cette révolte des Rabelados contre les prêtes, est avant tout dirigée contre l'Eglise à qui ils reprochent le conservatisme. "Ils ne nient pas l'Eglise, explique-t-il. Ils revendiquent simplement une structure religieuse noire totalement intégrée au sein de l'Eglise catholique de l'Île, comme autrefois." En clair, une soudure africaine et des prêtres noirs, à l'instar des milliers de petites Eglises dites éthiopiennes d'Afrique du Sud !

Pour le sociologue Claudio Furtado, la transmission orale a forcément participé à la greffe de principes nouveaux au sein de leurs pratiques. Mais le changement le plus significatif intervient à la veille de l'Indépendance, dans les années 1970-74. "Là, les Rabelados se comportent comme un mouvement messianique, observe le sociologue. Amilcar Cabral s'impose en tant que prophète capable de libérer la communauté au regard du système officiel et son image devient un symbole important dans le rituel."

De son côté, l'historienne Catarina Madeira émet l'hypothèse d'une création de religion pour résister. Création car la plupart des futurs Rabelados sont analphabètes avant la rupture, et "fagotent" l'Eglise. Ensuite, parce qu'ils vont s'approprier en les transformant, les rites catholiques qu'ils connaissent d'un point de vue général. "Toute une série d'activités du culte strictement des Rabelados voit le jour, sans rapport stricto senso avec la tradition catholique," affirme l'historienne.

"C'est une dynamique et un concours de circonstances qui ont conduit à ces différences, réagit l'anthropologue Orlando Borja. Les pratiques des Rabelados datent de l'évangélisation par les Portugais. Ensuite, les évènements se mélangent, l'Eglise se confond avec le Pouvoir. Il est vrai que les mouvements religieux à travers le monde commencent à partir d'un fait, mais c'est ce mélange qui produit les Rabelados, pas une stratégie !"

L'historien Ilido Baleno fait remarquer qu'au départ, on peut effectivement penser à un certain prosélytisme de la part des anciens catéchistes, mais le mouvement n'a pas cherché à faire propagande de ses rites ni à se développer comme une secte. Son objectif vise uniquement à maintenir l'orthodoxie religieuse enseignée et à continuer dans cette foi antique, sans innovation. Le député Emmanuel Monteiro confirme ce point de vue : "Contrairement à une secte, les Rabelados ne sont pas attachés à l'argent ni aux valeurs matérielles. Ils l'ont prouvé en abandonnant tous leurs biens, lors de la rupture."

Pour le sociologue Julio Correia, Vice-président de l'Assemblée nationale, il s'avère évident que ce phénomène suit un cheminement atypique. "On ne peut pas parler de croissance, déclare-t-il. Au contraire, le groupe se définit sur lui-même, son terrain d'action est uniquement local et comme aucune énergie n'émane de l'extérieur, il est voué à disparaître !"

À la différence du Continent africain et du Brésil, intervient le Padre Ima, le Cap-Vert est né catholique et n'abrite pas d'ethnie. En revanche, certaines lettres des Evêques rendent compte de plusieurs pratiques dites "gentiliques" venues des tribus d'Afrique (paganisme, idolâtrie, animisme), du reste à l'origine du culte vaudou. Le Padre Sa Cachada insiste aussi sur l'ignorance religieuse qui amène le peuple à pratiquer des actes de superstition. Il cite la présence au Cap-Vert, de Curandeiros et de Feiticeiros, sorte de guérisseurs et de sorciers utilisant les forces mystérieuses pour guérir (rituels d'exorcisme), ainsi que les Bruxos, dignes représentants des thérapeutes traditionnels du Portugal, campés entre la liberté religieuse et la médecine, le quotidien et le surnaturel.

L'avocat et député David Hopffer Almada préfère parler du mélange de la religion catholique avec des actes profanes, plutôt que d'une créolisation des habitudes religieuses. Ainsi, la fête du 1er mai à Sao Felipe dans l'île de Fogo, met en scène la messe et le pilon pour battre le mil. Même le cavalier entre dans l'église pour participer à la cérémonie. Expression typiquement de Guinée-Bissau, la Tabanka revêt aussi des aspects hérités des Eglises portugaises !

Quant à l'historien Humberto Lima, il rappelle le contexte de désespoir et de domination dans lequel vit la population, et se penche sur l'attachement des Rabelados à la Bible. "Ces derniers vont trouver dans les Textes, les réponses sur l'existence et le Dieu qui justifie leur propre forme de pensée, explique-t-il. Et la définition de ce Dieu coïncide dans les années 1940, avec la profession de foi des missionnaires protestants qui vont aussi profiter de leur ignorance !"

L'influence probable des missionnaires protestants

"Les Protestants font une propagande acharnée surtout à Santiago et à Brava, écrit l'Evêque D. Faustino Moreira au Supérieur général de la Congrégation des Spiritains, le 13 août 1946. Ils sont parfaitement organisés et écrasent notre pauvre peuple avec la pluie de leurs dollars américains". Le 2 mars 1948, le Père Francino Alves do Rego précise dans son rapport au Supérieur religieux, que les protestants Nazaréens travaillent activement, mais qu'on vient vers eux par intérêt, pour obtenir des emplois ou un passage en Amérique dans de bonnes conditions. "On trouve aussi des faibles qui changent de religion parce qu'ils s'aperçoivent que certaines lois de l'Eglise les incommodent," écrit-il.

La mission nazaréenne au Cap-Vert n'a pas été initiée par des missionnaires américains. Selon le Pasteur Fontes Soccoro, l'histoire de l'Eglise protestante est parallèle au phénomène d'émigration. Au XIXe siècle, les Capverdiens de Brava s'embarquent sur les baleiniers via les Etats-Unis. Là-bas, certains vont se laisser séduire par la façon dont l'Eglise protestante appréhende la religion. C'est ainsi qu'en 1901, Joao José Dias, revient en pionnier délivrer le message du salut par la Grâce à Santiago, d'abord à Praia et à Santa Catarina. "Au Cap-Vert, le Catholicisme est la religion de l'Etat, complète le Pasteur Aderito Ferreira. Mais on est en pleine Guerre mondiale et le Portugal soucieux de ne pas déplaire à l'Amérique, tolère l'arrivée des missionnaires." En principe, les épouses de ces derniers sont des infirmières ou des professeurs qui vont soigner les gens, donner des vêtements et des denrées alimentaires, favorisant ainsi le contact avec la population.

Le processus d'évangélisation commence dès 1936. Il consiste à faire des prédications sur les places des villages, sous les arbres ou dans les maisons, tandis que des colporteurs distribuent les Bibles. "L'Eglise nazaréenne base sa doctrine exclusivement sur la Bible et en fait la lecture une fois par semaine, explique le professeur d'histoire Filomène Monteiro, Eglise du Nazaréen. Contrairement aux Catholiques, tous les croyants ont droit de posséder le Livre sacré."

D'après le Pasteur José Monteiro, la nouveauté pour les missionnaires n'est pas de convertir des païens puisque le socle chrétien existe déjà, mais de proposer une alternative au salut par l'œuvre de la sanctification. Un parallèle intéressant à établir avec les Rabelados ! Du reste dans les années 40, le Padre Cunha et le prêtre Carvalho se convertissent. Mais les missionnaires sont bientôt confrontés à une vague d'hostilité et de persécutions, notamment en 1956. La population de Santa Catarina leur lance des pierres. Les Bibles sont rassemblées sur la place du marché et brûlées ! Des faits qui évoquent à nouveau certaines déclarations du Chef Tchetcho à propos des livres des Rabelados !

Les missionnaires continuent vers le littoral, Pedra Badejo, Calheta de Sao Miguel, jusqu'à Tarrafal. Selon le Pasteur Aderito Ferreira, le Révérend missionnaire Ernest Eades a rencontré des Rabelados, mais ces derniers ont toujours déclaré avoir leur religion et le même Dieu qu'ils servent de manière différente. De son côté, Tchetcho a rappelé qu'il est écrit dans la Bible que des faux Christ et des faux prophètes doivent venir les tromper, et donc ils n'ont jamais rien accepté.

Pour sa part, le Padre Sanches confirme la conversion du Padre Cunha en octobre 1946, et son utilisation pour aller prêcher à Sao Miguel et Tarrafal. "Les Rabelados se sont marginalisés à l'occasion des emprisonnements et des déportations en 1960-61, précise-t-il. Donc en 1946, ils sont encore mêlés à la population !" À cette même période, Maria de Lourdes Gonzalves signale dans son étude[51], un conflit au sein de la communauté entre les deux premiers chefs Rabelados considérés comme des prophètes. On le sait, le plus ancien des deux, Nhô Nhô Landim se réfère à l'Ecriture sacrée (Ancien Testament), tandis que le second Nhô Fernando s'appuie sur les Saints Evangiles (Nouveau testament). D'où la possibilité d'une influence protestante à l'origine de cette divergence !

Pour Joao do Rosario, il est clair que les Rabelados dominent davantage l'Ancien Testament et ont adopté une approche judaïque de la Bible. Et si le député reconnaît de nombreuses analogies avec les pratiques protestantes, il n'assimile pas leurs croyances au protestantisme, mais à une façon d'interpréter la Bible d'influence protestante !

---

[51] Voir Annexe II - Références bibliographiques.

Et pourquoi ne pas considérer ces influences religieuses contemporaines comme un confortement du marronnage religieux des débuts !

L'expérience d'Alvaro Barbosa Andrade

Mon père est originaire de Santa Catarina, raconte Alvaro Ludgero Andrade, administrateur de la Radio Télévision Capverdienne (RTC) et fils d'Alvaro Barbosa Andrade. Fervent catholique, il a assisté le Padre Benjamim à l'église. C'est dans les années 1940, qu'il rencontre les missionnaires protestants prêchant l'Evangile dans les rues de la ville. Il ne tarde pas à s'y opposer[52]. Avec un groupe de jeunes Catholiques, il organise une campagne pour rassembler toutes les Bibles et les Nouveaux Testaments distribués, puis prépare un feu dans un terrain vague près du marché, afin de les brûler. À noter, cette nouvelle évocation de Bibles brûlées à la même époque...

Toutefois, Alvaro Andrade en conserve un exemplaire qu'il va lire plusieurs fois ! Sa révélation intervient en 1946, à l'âge de 30 ans. En 1952, il est sanctifié et devient Pasteur en 1956. "Je crois à une divine coïncidence et à la vision de Dieu plus qu'à la révélation, précise son fils. Certainement en demande intérieure, mon père a trouvé la vérité dans la Bible, pas dans l'Eglise." Ensuite, il a été différent. Par exemple, il a cessé de boire du Grogue ! "La Bible permet d'accéder directement à Dieu, alors qu'il faut payer pour obtenir le salut des Catholiques, poursuit-il. Mon père a toujours critiqué l'Administration créée par les hommes, jamais la doctrine de l'Eglise."

D'après le Pasteur José Monteiro, cette sorte d'illumination d'Alvaro Andrade a très certainement pour origine

---

[52] Voir aussi l'article de Paul S. DAyhoff - auteur de Living Stones in Africa : Pioneer of the Church of the Nazarene - traduit de l'Anglais par l'évangéliste Milly Ibanda Milinganyo (Congo).

l'Epître aux Romains extraite de l'Epître de Paul, et l'Eglise de la patience tirée du Livre de Job. La différence entre les Protestants et les Rabelados ? Les disciples de l'Eglise nazaréenne ne vénèrent pas la Vierge Marie ni les saints !

Un cas unique au Cap-Vert mais pas dans le monde

Le diplomate et député Onésime Silveira note deux courants religieux plus ou moins équivalents au mouvement des Rabelados, dans les années 1920 : celui du prêtre Simao Toko en Angola, et celui de Simon Kimbangu au Congo Kinshasa, tous deux développés au sein du Christianisme sur fond de rébellion contre le Pouvoir colonial portugais et belge. Le premier - qui se proclame représentant du Christ - a créé le mouvement Tocoïste, une organisation entièrement africaine, démontrant la possibilité d'un pouvoir noir. Il est considéré comme un rival de l'Eglise des Missionnaires protestants suisses. Le second a fondé l'Église kimbanguiste, africaine et indépendante, qui se réfère à la Bible et se réclame du Credo de Nicée (Concile de l'an 325).

Dans son étude[53], le sociologue Julio Monteiro compare également les Rabelados aux Tocoïstes. Toutefois, il précise que le baptême et la prière en commun constituent les uniques actes similaires à ces sectes. Egalement évoqués dans cette étude, les Témoins de Jéhovah - dont la dénomination est inspirée d'Isaïe (43-10) - forment un mouvement originaire des Noires d'Amérique du Nord. Ils réservent leur allégeance à Dieu, annoncent l'instauration prochaine du paradis sur la terre grâce au Royaume de Dieu, et refusent toute implication politique.

L'historienne Catarina Madeira cite également la résistance religieuse de Dona Béatriz Kimpa Vita, la Jeanne d'Arc du Congo qui a fondé le mouvement messianique des Antoniens au XVe siècle. Victime des malentendus

---

[53] Voir Annexe II - Références bibliographiques.

provoqués par le choc des cultures, elle est condamnée à mort après avoir acquis un prestige susceptible de menacer celui du roi et des missionnaires.

Les Falashas ou Beta Israël ont connu la même problématique que les Rabelados. Pourchassés par l'empereur Haïlé Sélassié, ces Juifs d'Ethiopie ont constitué une minorité marginalisée jusque dans les années 1990. Accusés d'avoir le "mauvais œil" et interdits de posséder des terres, ils ont conservé le culte judaïque en fixant eux-mêmes les règles de leur communauté. Julio Monteiro établit aussi un parallèle avec les Chrétiens Vieux du Japon. Au début du XVIIe siècle, ce pays a connu un christianisme florissant. On parle d'au moins 300 000 Fidèles. Evangélisés à l'époque par Saint François-Xavier, ces derniers ont été privés de prêtres dès 1614. Aujourd'hui encore, ils récitent par cœur des prières en latin, déformées mais avec foi. Comme les Rabelados, ils donnent de l'importance aux actes de contrition, se considèrent catholiques et sont dénommés Chrétiens crépusculaires.

De la même façon, les Eglises Vieilles-Catholiques se sont séparées de l'Eglise de Rome après avoir refusé le dogme de l'infaillibilité papale en 1870 (Vatican I). Particulièrement en Suisse, elles restent ancrées dans leur antique tradition catholique. En France, on peut parler des Petites Eglises catholiques, opposées au Concordat signé entre le Pape Pie VII et Napoléon perçu comme un antéchrist. Ces dernières ont pour point commun de ne plus avoir de prêtres à leurs côtés depuis plus de 150 ans. Des laïcs ont pris la relève et les prières sont dites à la maison.

De leur côté, le géographe José Maria Semedo et le journaliste Daniel Spinola évoquent le Reggae religieux et le phénomène des Rastafaris de Jamaïque. Au début du XXe siècle, ces descendants d'esclaves isolés ont créé différents mouvements culturels sionistes et "éthiopianistes", donc liés à l'empereur Haïlé Sélassié, remettant en cause la version occidentale de la Bible. Autrement dit, une interprétation des Textes à l'avantage des Blancs. Leurs concepts de rébellion et de libération des consciences se sont ensuite étendus à tous les aspects de la société importée par les colons, le matérialisme, l'argent, le capitalisme, la police, etc. Un peu comme les Rabelados !

Quant au chercheur Richard Lobban, il rapproche ce phénomène des groupes religieux Amish et Mennonites aux Etats-Unis, voire même des Masaïs de Tanzanie, qui se sont exclus de la société par mépris de la modernité.

Chapitre VI

Analyse anthropologique socioculturelle
Des racines négro-africaines

> « *Du moins en science des sociétés humaines, il n'y a pas un porteur de vérité absolue, il y a des vérités qui se cherchent* »
>
> Georges Balandier

Un parallèle avec d'autres groupes sociaux

Pour étudier l'histoire endogène du Cap-Vert, l'anthropologue Charles Akibodé ne se réfère pas uniquement à des documents écrits ou au patrimoine matériel du peuple capverdien, il s'intéresse aussi au patrimoine immatériel[54], intimement lié à la mémoire collective. C'est ainsi qu'il a été conduit à diriger des recherches sur les savoirs ancestraux des Rabelados (pharmacopée, accouchement traditionnel, artisanat utilitaire, etc) et par ce biais, à revenir sur les origines de la formation de ce phénomène. Dans le patrimoine matériel de la communauté, se trouve une Bible du XVIIe siècle. Si la religion chrétienne a permis à ce groupe social de se structurer et si la Bible constitue l'un des éléments fondateurs ou l'élément clé de son organisation, cet ouvrage prouve que l'histoire des Rabelados remonte beaucoup plus loin dans le temps que l'époque des faits, en l'occurrence 1941, expose-t-il ! Ces derniers n'ont jamais été en contact avec des civilisations exogènes au groupe - hommes blancs,

---

[54] Le patrimoine culturel se divise en deux groupes : le patrimoine matériel (bâti, technocratique, technologique, artisanal, etc), et le patrimoine immatériel, dont dispose un être humain, une société ou un groupe social pour élaborer et faire vivre ces expressions matérielles.

hôpitaux, missionnaires blancs, enseignants formés dans les écoles des Blancs, etc. À ce titre, ils sont convaincus d'être les dépositaires d'un pan de la mémoire collective qui s'est diluée dans les autres espaces du Cap-Vert. Et donc, il s'agit bien d'un capital acquis de génération en génération !

D'après l'anthropologue, d'autres mouvements non endogènes dans les îles du Cap-Vert peuvent être mis en parallèle avec ce phénomène. Par exemple, plusieurs groupes sociaux de *Tabanka* sont apparus en même temps que commence à se forger l'histoire de la société. Soit, au début du XVIe s. La *Tabanka* signifie Village en Mandingue[55]. Durant une semaine et selon la liberté dont ils disposent, les esclaves essayent de reproduire le mode de fonctionnement d'une société hiérarchisée avec un roi, une reine, des prêtres, des services administratifs, religieux (*Capella de Tabanca*), sanitaire, etc. Pour l'anthropologue Gaudino Cardoso, il ne s'agit pas d'un carnaval mais apparemment de la reproduction de la société coloniale, puisque ce simulacre de pouvoir est réalisé par une population opprimée, désireuse de retourner dans ses lieux d'origine. D'après lui, la Tabanka constitue une manière cachée d'exprimer les manifestations culturelles les plus profondes de son terroir !

"Même si les documents du XXe siècle les ont distingués, ces groupes présentent des ressemblances avec les Rabelados découverts plus tard," poursuit Charles Akibodé. Dans la seconde moitié du XVIIIe s par exemple, l'organisation de cette manifestation fait l'objet d'une première lettre Royale du 15 octobre 1723, donnant lieu à un arrêté municipal d'interdiction. De la même façon, les Rabelados vont être exclus de l'Administration et de l'Eglise jusqu'au XXIe siècle !

---

[55] Originaires du territoire occupé par l'actuel Mali, les Mandingues vivent essentiellement au Sénégal, au Mali, en Côte d'Ivoire, en Gambie, en Guinée et en Guinée-Bissau, Burkina Faso et Mauritanie. Voir aussi annexe I - Définitions.

L'urbanisation galopante, les famines, la présence des pirates, le problème foncier et les exclusions des terres, les répressions et la volonté aussi de s'éloigner du développement économique, ont poussé ces mêmes groupes à errer et à s'installer sur des terres que les propriétaires ont refusé de leur céder. D'où la difficulté de les situer géographiquement dans le temps.

Cette similitude de faits témoigne qu'au Cap-Vert, des groupes sociaux ont essayé de fuir les velléités et les exactions de l'Administration coloniale. Qu'ils ont vécu sur eux-mêmes, non pas en guise de contestation ou simplement pour se retrouver ensemble, mais avec une même visée sociale. Et que leur démarche sous-tend de se rappeler au bon souvenir de la Mère Patrie Afrique à travers la religion. "Cela conforte l'idée que l'existence du phénomène Rabelados s'avère plus ancienne que leur appellation," conclut l'anthropologue.

Même s'il ne situe pas la racine du phénomène Rabelados dans la *Tabanka*, l'historien Humberto Lima considère également que ces deux mouvements ont accompagné le peuplement. Il associe la *Tabanka* à la rencontre de deux peuples, les Portugais et les esclaves, dont va surgir la culture créole. Comme pour les Rabelados ! "Les fêtes figurant dans la *Tabanka*, ont été amenées par les Portugais au Cap-Vert, mais les tambours, la cuisine, le pilon et la façon dont les femmes dansent le batuque, proviennent de la Côte africaine, précise-t-il.

Cependant, la *Tabanka* possède son propre culte et sa propre forme de pensée." Pour Gaudino Cardoso, l'esclavage est bien à l'origine de ces deux mouvements, mais dans la philosophie de la *Tabanka*, la population vit normalement et va à l'église. La dimension folklorique et théâtrale n'intervient qu'à l'occasion de fêtes ponctuelles qui débutent au mois de mai et se prolongent jusqu'en juillet.

Alors que les Rabelados s'organisent comme une société fermée et structurée autour de normes de santé, de religiosité, de vie quotidienne, de travail, de rites funéraires, de baptême et de mariage. Ils constituent une forme plus récente de résistance au pouvoir colonial autour de la culture et de la religion !

Un patrimoine immatériel commun à tous les pays liés au commerce des esclaves

Si Charles Akibodé a établi un parallèle entre les Rabelados et la *Tabanka*, c'est aussi parce que ces groupes sociaux se sentent profondément africains. Avec les premiers, il est convaincu que l'interprétation de la Bible a servi de prétexte à exprimer des manifestations culturelles typiquement africaines. Au Cap-Vert, il convient en outre de noter que ces deux types de groupes se retrouvent uniquement sur l'île de Santiago. "De nombreux travaux universitaires montrent et démontrent que le mot "religion" dans son sens latin *religare* (relier), signifie par étymologie populaire "ce qui relie l'homme à un au-delà", poursuit l'anthropologue. Et pour les peuples ayant souffert de l'esclavage, cette idée première de la religion correspond à leur Afrique perdue !"

De la même façon, l'écrivain Abou Haydara[56] parle du culte vaudou comme d'un refuge pour les Quilombos du Brésil et les Palenques de Haïti face aux agressions des colons blancs. En Uruguay, en Argentine et au Paraguay, la religion Candomblé tire ses racines du Bénin, de l'Angola et du Zaïre. Dans ce que l'écrivain Serge Gruzinski appelle "Les mondes mêlés de la monarchie catholique"[57], bien d'autres expressions culturelles profondes, y compris au sud des Etats-Unis, ont été jugées carnavalesques et tolérées par

---

[56] Voir Annexe II - Références bibliographiques.
[57] Voir Annexe II - Références bibliographiques.

le pouvoir colonial alors que leur essence profonde consiste justement à enfreindre les interdits pour se retrouver. Tout en utilisant les traditions romano-chrétiennes, ces manifestations ont créé un patrimoine immatériel commun qui appartient à tous les pays ayant connu la traite atlantique des esclaves. Encore aujourd'hui, les carnavals superposent ce type d'expressions culturelles sur le reflet des sociétés occidentales.

De son côté, le sociologue Georges Balandier écrit dans son analyse du "Sacré et Théorie de la nature" : "Les cultures de la tradition ne tracent pas de stricte séparation entre l'homme et la nature, l'homme et la société, l'homme et les puissances extérieures à l'univers humain... Et le sacré constitue le terme par lequel s'opère cet accord du monde !" Autrement dit, ces cultures mettent tout en relation d'échange, et le rapport à la terre n'est rien d'autre qu'un culte. L'auteur précise que l'idée moderne de la nature comme matière et source d'énergies transformées et possédées, ne s'est imposée pleinement qu'à partir du XVIe siècle.

En plus des systèmes de matraquage de la mémoire et de répression administrative, et plutôt que de pourchasser le fétichisme, Charles Akibodé insiste encore sur la force des Portugais visant à mettre ces groupes en marge de la société par la propre population du Cap-Vert !

Une interprétation religieuse qui fait obstacle à la modernité

Au cœur de la manifestation de la *Tabanka*, figure un défilé populaire correspondant à un moment d'appropriation de l'espace public. Malheureusement, ce genre d'expression n'existe pas chez les Rabelados. C'est la grosse différence ! "Pour eux, faire la fête dans la rue constitue une forme satanique de la religion," indique le géographe José Maria

Semedo. Dans le recueil des sources orales de Charles Akibodé, les Rabelados apparaissent comme des puristes. Ils disent ne pas adhérer au groupe de *Tabanka* en raison de l'image négative entretenue par les Portugais. Ils ne boivent pas d'alcool et refusent de se lancer dans des délires orgiaques. Sur le plan religieux, ils se définissent comme Révélés. C'est pour se conformer à un passage de la Bible obligeant à vivre de sa propre culture ou fabrication, qu'ils ont refusé la modernité. Donc ils n'utilisent pas la voiture, ne portent pas de chaussures, etc.

Dans la Bible et dans la Torah (chapitre 20), le Sabbat correspond au repos hebdomadaire consacré à Dieu. Ce jour-là, les juifs s'abstiennent de tout travail, de tout acte commercial et de la consommation d'un ensemble de choses. À partir de ce même fondement biblique, les Mormons et les Baptistes du septième jour issus des Protestants, observent un Sabbat chrétien. Comment expliquer que des populations séparées les unes des autres par des milliers de kilomètres (Israël, USA, Angleterre, Irlande), repliées sur elles-mêmes, hermétiquement fermées aux nouvelles technologies et à la mer sauf pour pêcher, adoptent des comportements sociaux et des attitudes mentales identiques, questionne Charles Akibodé ? En fait, il n'y a pas d'explication interprétative. Ces populations ont réagi au même passage biblique et ne font que reproduire ce qui est écrit !

Si l'on considère l'histoire du peuplement du Cap-Vert et la manière dont les esclaves ont été débarqués et réappropriés par leurs maîtres, il va de soi que les groupes de *Tabanka* et des Rabelados se sont formés dans les îles du Cap-Vert. Mais il semble évident que ces deux types de groupes sociaux se sont différenciés en raison et en fonction des conditions premières dans lesquelles ils ont vécu et ont été utilisés localement, d'une certaine proximité, d'affinités propres, de leur passé affectif, de leur croyance traditionnelle et religieuse, et surtout du moment où ils ont commencé à sentir un intérêt commun. L'anthropologue n'emploie pas le mot de création d'un patrimoine immatériel spécifique aux Rabelados, mais de l'héritage d'un ensemble de faits communs confronté à l'obligation de respecter les lois du colonisateur.

Pour sa part, le sociologue Camilo Leitao da Graça s'est attaché à comprendre les enjeux des mouvements de révoltes dans les milieux ruraux de la société capverdienne au XXe siècle. D'après lui, le Gouvernement et l'Administration coloniale ont défini les Rabelados comme un mouvement de protestation religieuse de paysans pauvres, revendiquant leur différence et le respect des traditions de leurs ancêtres. "La singularité de leur lutte correspond à un procès global des paysans pour la justice sociale. Et pourtant, c'est le seul mouvement au Cap-Vert qui a justifié la commande d'une étude de la part des autorités," souligne le sociologue. En conclusion de cette étude, son auteur Julio Monteiro[58] affirme une absence de tout sens ethno-politique chez les Rabelados, juste une revendication religieuse liée aux prêtres en soutane blanche et une prétention à rester libres vis-à-vis de l'Administration coloniale. "Mais après l'Indépendance du pays, la communauté n'a pas voulu accepter les règles de la nouvelle Administration capverdienne, soulève encore Camilo Leitao da Graça. Malgré un nouveau contexte politique, économique et social dans un Cap-Vert indépendant, démocratique et moderne, la tendance du mouvement à résister aux nouvelles références et à maintenir un esprit de clan, a perduré jusqu'à aujourd'hui !"

Que faut-il déduire des Rabelados ? La doctrine religieuse très forte des dirigeants a empêché les jeunes de la communauté de s'intégrer, affirme le sociologue ! Le chef lit

---

[58] Voir Annexe II - Références bibliographiques.

les textes, les interprète et dit ce qu'il convient de faire. Et cette interprétation des textes religieux a constitué le principal obstacle à l'intégration des Rabelados. Et si les mouvements de contestation des paysans pauvres n'ont pas suscité les mêmes freins dans les autres zones géographiquement enclavées de Santiago, c'est-à-dire là où l'Etat n'a pas davantage participé, c'est peut-être parce que les revendications se sont limitées à la demande en eau, en électricité ou d'emploi, sans autres formes de référence !

Un risque de cristallisation autour du chef

Dans l'histoire des Rabelados, l'anthropologue Orlando Borja discerne clairement quatre étapes ou temps forts en relation avec des contextes nouveaux. En premier lieu, l'époque du colonialisme. Puis, la période de l'Indépendance. Ensuite, l'arrivée de l'artiste Misa, sculpteur plasticienne, avec tous les projets culturels qu'elle va négocier avec eux - école de peinture, projet d'artisanat, gravure d'un CD-Rom de leurs chants liturgiques, etc. Autrement dit, la dynamique nouvelle[59] qu'elle va imprimer sans l'imposer, au sein d'une communauté dont la vie s'avère plus que précaire et misérable. Enfin, la quatrième phase correspond à la mort du leader Nhô Agostinho. Ce dernier incarne la mémoire du groupe, sa référence et son harmonie, ainsi que toute une histoire vécue comme chef. "C'est l'homme de la communication qui a construit la conscience de ne pas s'exposer, souligne l'anthropologue. Porte-parole du mouvement, c'est lui qui va gérer l'interface avec les visiteurs extérieurs, notamment avec les médias et les hommes politiques, décidant clairement ce qui peut être accepté ou non, afin de préserver sa communauté !"

Si Orlando Borja juge que Nhô Agostinho a parfaitement compris son rôle et qu'il a su profiter d'une

---
[59] Voir chapitre suivant (VII).

certaine sympathie voire complicité nouvelle avec la population, le processus plutôt moderne qui a conduit à l'élaboration du CD-Rom en 2004, le rend perplexe. Le contenu sur la Révélation des Rabelados (*Ladaïnhas*) contredit la volonté de préservation de leur culture propre ! En outre, ces derniers ont toujours déclaré que "le savoir de l'école n'est pas le savoir de Dieu mais celui des hommes. Et celui qui détient le savoir de Dieu n'a pas besoin du savoir de l'école !" Or, l'anthropologue constate avec intérêt que Nhô Agostinho en tant que chef, sait lire et qu'il a toujours empêché les jeunes d'aller à l'école et de s'intégrer dans la société globale. Une consigne du reste occultée mais souvent contestée au sein de la communauté.

De son côté, Onésime Silveira se souvient de sa rencontre aux Etats-Unis, avec une religion fondée par un Evangéliste capverdien de l'île de Brava, Dady Grace. "Sa maison appelée *the White House of Prayer for all People* (la Maison blanche de la prière pour tous) constitue une alternative au traditionnel christianisme, raconte-il. Devenu très riche, l'Evangéliste s'intitule Prêtre, Shaman ou Prédicateur. Sa religion compte aujourd'hui plusieurs églises et quelque 3,5 millions de membres !" Pour l'homme politique, il est clair que l'idée de religion est liée à celle du pouvoir, pas celui que l'on possède, mais celui auquel on aspire !

"Quelle est donc l'ambition des chefs Rabelados, s'interroge Camilo Leitao da Graça. Est-ce une conviction ou la volonté de rester chef ? L'interprétation des livres anciens est-elle purement religieuse, au service de la résistance au colonialisme ou d'objectifs plus personnels ?" Dans le contexte colonial, l'interprétation biblique est soutenue par la plupart des membres de la communauté parce qu'elle va dans le sens de ses intérêts. Mais après l'Indépendance, sa justification s'avère-t-elle aussi pertinente ? Peut-être que le suivi rigide des valeurs permet d'éviter la fuite des jeunes et dans ce cas, le chef mise sur la solidarité qui a toujours fonctionné en suivant les paroles de Dieu, dont lui-même est le porte-parole ? "Les dictatures fonctionnent souvent ainsi," fait remarquer le sociologue !

Autre piste : la réminiscence des traditions africaines héritées de l'esclavage. Dans les communautés du Burkina Faso, du Ghana ou du Sénégal par exemple, les chefs traditionnels représentent la communauté et sont toujours respectés par le Pouvoir politique. Un ministre en visite officielle doit d'abord saluer le chef qui s'exprime au nom de sa communauté. "Peut-être la structure d'organisation sociale des Rabelados mêlée à la superstructure idéologique et spirituelle du colonisateur par la voie de la religion et des Textes bibliques, a-t-elle abouti à une sorte de syncrétisme socio-religieux," suggère le sociologue ! Sûrement descendants des esclaves marrons, ces derniers constituent en tout cas, un exemple concret de cette rencontre isolée.

Autre hypothèse : la prédiction de Nhô Agostinho sur l'approche de l'apocalypse et d'un nouveau monde. Peut-être ce dernier a-t-il perçu les aspects négatifs de la société globale comme la drogue ou la prostitution, et en l'absence de réponse, il a choisi de protéger sa communauté en suivant la parole de Dieu ? Peut-être a-t-il aussi utilisé ce moyen de protection surtout pour se maintenir en tant que chef ? D'où sa rigueur avec ses compagnons !

D'après des études récentes sur le messianisme, le sociologue Roger Bastide affirme qu'à ce stade, une communauté peut évoluer en secte et se caractériser par une rupture avec le reste du monde et l'immobilisme. Dans des conditions de durée, le messianisme passe de la révolution à la conservation, poursuit Camilo Leitao da Graça. Autrement dit, la révolte contre l'ordre colonial, utile puisqu'elle a permis au pays d'acquérir son Indépendance, risque de se cristalliser autour de représentations rigides et de devenir un danger pour l'ordre social après la libération !

"Dans les sociétés africaines, on attend que le dictateur meure pour qu'une nouvelle ère commence, " ponctue Camilo Leitao da Graça ! Nhô Agostinho est décédé le 25 novembre 2006…

Des clés pour une intégration dans la société

Selon le diplomate Onésime Silveira, il convient d'interpréter ce mouvement par rapport à la culture capverdienne et au développement de la Capverdianité du Noir vers le Métis, pas seulement du point de vue sociologique. "Les Rabelados sont un maillon manquant dans le processus de métissage qu'il convient d'étudier," estime l'homme politique, étonné de rencontrer au Cap-Vert, un tel phénomène de l'Afrique noire et de révolte liée à la religion et à l'oppression culturelle. Preuve pour lui, que l'île de Santiago comporte encore des poches avec de fortes racines négro-africaines !

"Associée à la marginalisation commerciale, à la famine et à la pauvreté, la grande crise du XVIIe siècle a constitué un mécanisme de socialisation et d'intégration de la population, affirme l'historien Antonio Correia e Silva. Il n'y a pas de potentiel de diversification ni d'ethnisation au Cap-Vert. Les Blancs et les Noirs sont "de terre", tous créoles et égaux !" Et l'historien Humberto Lima de préciser que les Rabelados sont des Capverdiens isolés au cœur de Santiago, alors qu'une ethnie a une histoire différente.

Pour sa part, Joao do Rosario, en qualité de député de Sao Vicente (île du Nord), avoue ne pas être interpellé par l'histoire des Rabelados. "Ces gens ont conservé l'état d'esprit propre aux Badiùs des origines, à savoir de ne pas céder face aux injonctions. Alors que les Capverdiens des îles du *Barlavento* se sont adaptés en contournant les interdits !"

Camilo Leitao da Graça estime que la communauté a tout intérêt à intégrer la société globale pour pallier le risque de cristallisation, car la survie de ses traditions en dépend. "Ce processus initié par la suppression des principaux obstacles de l'imposition doit s'opérer progressivement, commente le sociologue. Il n'est pas question d'éliminer les Rabelados en tant que communauté, mais de leur apprendre à survivre en leur donnant de nouveaux instruments matériels et spirituels, des connaissances dans des domaines techniques et une conscience de l'environnement global."

Afin de mieux comprendre les préoccupations des Rabelados, Pedro Martins préconise pour sa part, une étude sérieuse de leur philosophie avec des sociologues et des psychanalystes. "Même s'ils doivent abandonner certaines de leurs convictions, leur situation s'est forgée sur plusieurs siècles et c'est à eux de déterminer leur chemin," explique l'architecte ! "Pourquoi vouloir étudier un peuple bafoué tout au long de sa vie, mis à l'écart de tout encadrement administratif, ridiculisé et discriminé par ses propres frères," s'insurge l'artiste Misa. Et de rappeler l'éternelle déclaration des Rabelados : "Nous avons hérité des références de nos parents avec lesquelles nous avons grandi. Comment des prêtres blancs venus d'Europe peuvent-ils nous obliger à changer cette manière de vivre du jour au lendemain ?" Malgré la conquête de leur autonomie, les Rabelados ont toujours fait l'objet de moqueries ! En revanche, s'ils obtiennent une reconnaissance de la valeur de leur combat par le milieu capverdien, ils n'ont aucun besoin d'une initiation. En d'autres termes, il revient aux Capverdiens de changer leur point de vue vis-à-vis des Rabelados !

De l'avis de Camilo Leitao da Graça, le projet du Gouvernement doit chercher à leur donner les moyens de subsister sans dénaturer la structure profonde du mouvement, c'est-à-dire en la valorisant comme patrimoine culturel vivant. À l'instar de Misa, le sociologue souligne la bravoure dont a fait preuve la communauté en luttant, même de façon naïve et particulière, contre le pouvoir colonial, mais aussi contre les influences néfastes de la modernité. "Ces deux aspects suffisent à justifier un geste de reconnaissance de la part du Gouvernement, estime-t-il. D'autant qu'il ne subsiste plus aucun obstacle spirituel fort !"

Dans son étude[60], José Landim, délégué à l'Education de Sao Miguel, rapporte qu'en avril 1989, le Ministre de la culture Manuel Veiga a déclaré "qu'en cas de jugement, seuls peuvent être incriminés le propre système colonial, le pouvoir temporel mais aussi le pouvoir spirituel. Quant au verdict, il ne peut conclure qu'à l'indemnisation des Rabelados et en aucune manière à leur condamnation !"

De façon générale, Camilo Leitao da Graça estime que l'intégration de la jeunesse de l'intérieur de l'Île passe nécessairement par des études à l'Université. Mais dans l'exemple des Rabelados, il se demande si l'acquisition de valeurs modernes et d'exigences nouvelles ne risque pas de créer une rupture brutale avec la structure locale et d'entraîner un processus inverse de désintégration du mouvement. Est-ce positif pour la communauté et pour le Cap-Vert, de voir disparaître un tel patrimoine traditionnel et de résistance ?

---

[60] Voir Annexe II - Références bibliographiques.

Planche A

- L'architecture des Funcos traduit la volonté de vivre comme Jésus.
- La croix symbolise l'escalier qui permet à l'âme de monter jusqu'à Dieu.
- Les peintures des Rabelados s'inspirent des scènes de la vie quotidienne.

Planche B

- Parmi les livres sacrés, se trouve une bible de plus de 300 ans.
- Les anciens transmettent aux enfants l'héritage spirituel des ancêtres.

Planche C

- Les Rabelados sont des Capverdiens avant tout.
- L'espace d'exposition témoigne de l'imagination débridée des jeunes artistes.

Planche D

- La production traditionnelle s'enrichit d'aspects plus novateurs.

Planche E

- La construction d'un réservoir d'eau l'un des projets prioritaires initiés par l'artiste plasticienne Misa.

Planche F, G, H

- La production artistique évoque des contes populaires, la vie quotidienne et spirituelle ou le choc subliminal des cultures.

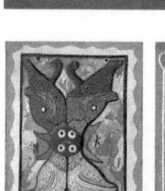

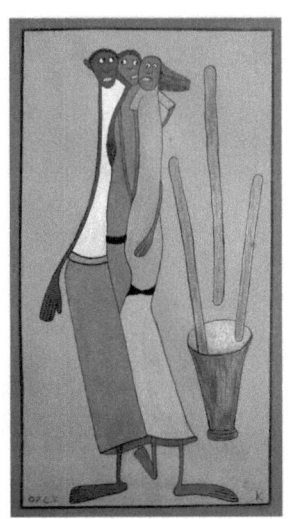

 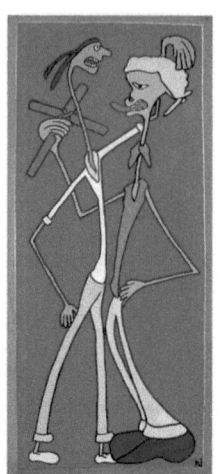

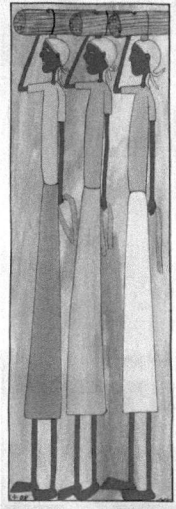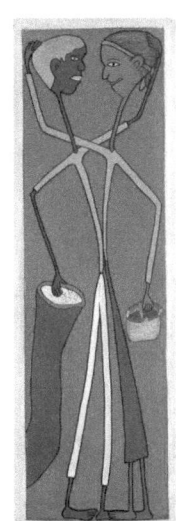

 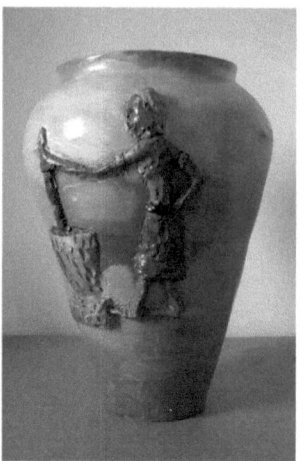

Chapitre VII

L'inscription dans la modernité
L'héritage des Rabelados

> *« La culture est une solution instable, dont la perpétuation est par essence aléatoire »*
>
> Jean-Loup Amselle

Perpétuer la mémoire des anciens

C'est Nhô Fernando qui, en son temps, a prédit la fin de l'isolement des Rabelados et leur vie au milieu des "Gentils". En 1994, le journaliste Luis Carvalho obtient ainsi un premier contact avec Nhô Agostinho par l'intermédiaire d'un ami. "Ce dernier a été très critiqué par les anciens de la communauté pour avoir accepté cette ouverture, les photographes, la Télévision et les interviews, affirme Misa. Il a levé tous les interdits pour venir à Praia et rencontrer le Maire. À l'époque, il est le seul à s'exprimer. Aujourd'hui, chacun a le droit de prendre la parole !"

L'artiste capverdienne elle-même revient dans son pays après 23 ans d'absence. Lors de son départ à l'âge de 11 ans (fin 1973), les Rabelados sont en pleine lutte. À son retour en 1997, elle découvre qu'aucun dialogue, hormis une communication injustifiée où ils sont systématiquement perdants, n'a été initié, ne serait-ce qu'en termes d'encadrement scolaire et d'appui social pour la santé.

"Excepté en période électorale, personne n'est jamais venu leur expliquer les devoirs et contributions civiques garantissant l'harmonie d'une société, intervient l'architecte Pedro Martins. Et les querelles de Partis en fonction de la prédominance politique de la commune n'ont guère arrangé la situation !"

Misa décide de s'engager. Elle s'ingénie à se faire accepter par la communauté, afin de connaître son parcours, les objectifs et les besoins de ses membres ainsi que leur entendement à vivre 300 ans en arrière. Pendant un an, elle passe deux fois deux jours par mois à Espinho Branco, à les observer, à les écouter. Elle fait en sorte de s'habiller comme eux, de construire une maison identique à la leur. Après trois ans, elle réussit à obtenir leur confiance. Suivant la coutume, ce sont les enfants qui viennent la voir, tandis qu'elle va boire le café chez les plus vieux. Et cette relation directe explique l'introduction de l'art avec les plus jeunes, qui aujourd'hui le transmettent à la génération suivante.

À l'époque, personne dans la communauté n'a fréquenté l'école, entendu la radio, ni regardé la TV ou vu des photos. Face à la pureté d'esprit des Rabelados, Misa comprend qu'elle ne peut pas "montrer son monde" et inculquer des techniques d'expression. En revanche, elle croit à la lecture génétique et à l'imagination. "Les Rabelados défendent une philosophie basée sur l'autonomie et le travail manuel pour permettre aux enfants de libérer les parents du poids économique de leur éducation, rappelle l'artiste. Mais vu la sécheresse, les matières premières s'avèrent difficiles à valoriser. Voilà pourquoi après 1 an d'observation, elle juge intuitivement bon d'apporter des crayons et des cahiers, et d'initier les enfants à découvrir eux-mêmes leur espace créatif. Elle leur a conseillé de rayer dans tous les sens, de mélanger les couleurs et de persévérer jusqu'à ce qu'ils perçoivent leur imagination. Ensuite, elle leur a demandé de copier cette imagination, 10 fois, 15 fois. Peu à peu sont sortis des petits personnages allant aux semailles, des maisons, des scènes de la vie quotidienne, etc. Chacun a appris à s'exprimer et à acquérir une écriture propre.

Misa apporte alors, des cartons, des toiles, des peintures et des pinceaux. Elle précise simplement qu'en diluant les couleurs, on peut les éclaircir et que le mélange de deux teintes permet d'en créer une troisième. L'artiste découvre des talents. D'abord un groupe très fidèle de cinq garçons et une fille[61]. Aujourd'hui, d'autres groupes totalement autonomes se créent, qui savent lire, écrire et apprendre beaucoup plus vite. "La ligne développée correspond vraiment à leur état d'être, sans aucune influence, déclare l'artiste.

Vu leur habileté, la richesse de leurs rituels et leur mémoire visuelle, Misa les convainc de préserver leurs traditions, tout en les enrichissant par des aspects plus novateurs et contemporains comme la céramique, la sculpture, la broderie, la couture. Bref, tout ce qui permet un fonctionnement par groupes. L'objectif de l'artiste vise la conquête du public à l'extérieur, et à travers leurs propres expositions, à leur faire reprendre confiance. Le bénéfice des premières ventes sert au rachat de matériel.

Quant aux vieux Rabelados, Misa leur a proposé d'explorer leurs traditions et les activités les plus intéressantes comme le tissage des pagnes, la fabrication des paniers et tapis, la cuisine, etc. Elle leur a aussi suggéré de valoriser leur habitat en développant un Eco-tourisme solidaire où les visiteurs vont pouvoir partager leur manière de vivre et pratiquer leur traditionalisme dans une atmosphère de respect mutuel et d'humilité.

En accord avec le chef Nhô Agostinho et l'ensemble de la communauté, Misa a pour sa part pris en charge la réalisation du CD-Rom sur la philosophie spirituelle des Rabelados. "Les Capverdiens ignorent tout du contenu

---

[61] Pour la peinture : Sabino, Fico, Ney, Josefa, Tchetcho, Kanhubaï. Pour la céramique : Zé. La nouvelle génération de Rabelados (Rabeladinhos) : Jamie, Adriano, carlito, dani, Milson, Zé Antonio, Charlie, Vito, Ady.

d'une litanie (*ladaïnha*) et ils ont toujours considéré les Rabelados comme des Incroyants, rappelle-t-elle. Il s'est donc avéré nécessaire de graver ce CD-Rom à la fois pour la reconnaissance de leur croyance religieuse, mais aussi pour garder une pratique en voie de disparition !" En clair, Misa s'est efforcée de tout mettre en œuvre afin de perpétuer la mémoire des anciens et d'en assurer la valorisation par les jeunes.

"Tout nouvel espace conquis a nécessité trois mois de pourparlers car chacun a le droit de donner son avis à l'intérieur de la communauté," précise l'artiste. Et ce changement s'est opéré sans contrainte. "Nous n'avons jamais eu peur d'être dépossédés de quoique ce soit, lui a confié un jour Nhô Agostinho. Celui qui a la foi ne peut pas perdre !"

L'expression d'un Art populaire singulier

Misa s'intéresse à l'invisible et au mysticisme. Elle aime percer le mystère plus ou moins dévoilé, propre à chaque individu. Les Rabelados ne pensent pas à l'Afrique, affirme-t-elle. Ils n'ont reçu aucune autre information ni influence que leur historique et leurs valeurs humaines. Comparé aux nombreux ateliers qu'elle a animés à travers l'Archipel, elle assure n'avoir jamais rencontré une telle écriture. D'où vient par exemple l'image filiforme du colon avec son casque, son short et ses pieds noirs dénudés, figurant dans de nombreuses peintures ? On retrouve aussi les histoires populaires de Chibim et Tilobo[62], ou des rituels comme la bénédiction de la terre avant de la cultiver, ou encore la croix plantée dans le sol pour obtenir une récolte prospère. Des rituels qui traduisent bien l'inquiétude en l'absence de pluie ou face à la maladie !

---

[62] Comparables aux fables de La Fontaine, ces contes humoristiques pour enfants appartiennent à la littérature orale, très répandue dans les îles du Cap-Vert.

Selon l'artiste capverdienne, les Rabelados conservent une connivence entre les contes pour enfants qui font partie de leur musicalité orale, et leur vie quotidienne remplie de superstition, de religiosité et de spiritualité. Cette ligne de données est mise en valeur sans complexe, avec une grande liberté et de l'humour, par des devinettes, des abstractions et des histoires surréalistes ou naïves. À l'inverse des enfants scolarisés à qui l'on a enseigné la manière de dessiner, jugé du dessin et donc forcément retiré un peu de pertinence, les Rabelados n'ont pas été manipulés. Ils ont gardé une Africanité cachée dans les gènes.

"Il existe une image préservée au fond de leur mémoire, déclare l'artiste française Polska venue partager la vie de la communauté durant six semaines, en 2004. Les silhouettes filiformes traduisent cette trace génétique de l'Afrique et expriment parfois la peur !" C'est elle qui qualifie cet Art de singulier et d'archaïque, en soulignant l'incroyable disposition pour les couleurs, les constructions géométriques ou gestuelles. Quant au professeur d'histoire Filomène Monteiro, elle retrouve dans le langage de certains personnages aux formes mi-humaines, mi-animales, une illustration des métaphores du prophète Isaïe.

Alors que le premier atelier crée des sculptures avec les racines de bambou et peint les pierres, la deuxième génération d'artistes de 6 à 10 ans a adopté une autre manière de s'exprimer. Les personnages sont exécutés directement dans des boîtes de conserves, puis appliqués sur des contreplaqués ou des tissus. Jusqu'ici développée pour entreprendre une vie d'homme libre, leur dextérité s'accroît au fur et à mesure de l'élargissement des outils. Ainsi, ils apprennent très vite à travailler la céramique, la sculpture et la menuiserie.

"Aujourd'hui, les tout-petits bénéficient d'un encadrement traditionnel et contemporain, souligne Misa.

Tous ces artistes sont alphabétisés et signent de leur nom en indiquant l'année." Avec les nouvelles données de cette double culture, ils offrent une production purement Rabelados - décoration de l'espace, architecture, ameublement, broderies, etc - beaucoup plus étendue que celle des anciens. "Pour véritablement parler de perspective, constate Misa, il convient que cette panoplie de créations soit encadrée, valorisée, promotionnée et perçue comme un patrimoine forgé au cours des ans !"

Le premier village artisanal du Cap-Vert

Pour sauvegarder "cette petite Afrique du Cap-Vert", l'artiste a été confrontée non seulement aux Rabelados, mais aussi au monde extérieur, de l'art et de la presse. Après un parcours du combattant, elle a réussi à décrocher des aides pour envoyer les enfants à l'école[63]. L'appui de plusieurs coopérations étrangères - dont l'Organisation mondiale de la santé, OMS - a contribué à financer les infrastructures basiques et sanitaires : construction d'un réservoir destinée à l'approvisionnement en eau par camion, installation de toilettes et salles de douches, d'un terminal téléphonique et d'un groupe électrogène, rénovation des maisons, visites périodiques d'un médecin, formations, création d'une cantine, d'un espace d'exposition de leurs produits d'artisanat, etc.

Dans le cadre de l'Association Abi-Djan pour la promotion d'échanges culturels internationaux, les Rabelados ont déjà participé au grand marché d'Art contemporain de Madrid (Arco 2007), exposé en Italie, en France, au Luxembourg, au Portugal, ainsi que dans les autres îles du Cap-Vert. Mais c'est la venue du premier

---

[63] En juillet 2009, 38 enfants sont inscrits à l'école primaire, 8 jeunes fréquentent le lycée de Calheta, une jeune Rabelada est inscrite à l'Université de Santa Catarina, une autre Rabelada a choisi l'Université Jean Piaget de Praia, section Technologie de l'information et de la communication (TIC).

Ministre José Maria Neves le 8 février 2007, qui va marquer véritablement l'ouverture du processus d'insertion social et économique de cette micro-société dans la vie nationale. L'objectif ? En dehors de l'aspect purement de promotion artistique de la communauté, il s'agit d'obtenir les moyens de construire un petit musée de sauvegarde du patrimoine des Rabelados et d'assurer le développement du projet de tourisme culturel.

"Dans ce contexte, la création de "l'Association des Rabelados de l'île de Santiago" en mars 2008, a constitué l'une des étapes les plus importantes pour la communauté," souligne le député Joao do Rosario. Grâce à cette structure en effet, les Rabelados ont été reconnus et ont pu bénéficier de fonds alloués par l'Etat pour acheter leurs terrains. Jusque dans les années 1930, la terre sauvage de l'intérieur de l'Île n'a nécessité aucun titre de propriété pour sa culture, enchaîne le député Kaka Barbosa. C'est l'implantation d'un centre administratif et l'établissement des limites de propriétés en partenariat avec l'Eglise pour créer les deux cantons du nord de l'Île, qui va suggérer au Gouvernement de faire don de la terre aux occupants. À l'instar de tous les esclaves en fuite, les Rabelados ont donc occupé légitimement leurs lopins de terre. Cependant, leur refus de tout contact avec la société, de décliner leur nom, de déclarer les naissances et les décès, ne leur a pas permis d'obtenir les documents d'identité nécessaires à l'officialisation de leur droit de propriété ! En clair, la terre appartient à l'Etat ou bien aux Capverdiens identifiés. Quant aux Rabelados, ils n'ont plus été autorisés à exploiter, sauf en donnant une part de la récolte en contrepartie…

Désormais, l'Association reçoit une subvention de l'Etat chaque année, et la construction du musée est en cours de réalisation dans le village de Espinho Branco. Il s'agit d'un grand *Funco* avec, au rez-de-chaussée, l'animation "archaïque" sur la spiritualité et la philosophie de vie d'un

Rabelado de la naissance à la mort. Plus contemporain, le premier étage doit accueillir des expositions, des photos, de la vidéo, des conférences et des concerts, pour témoigner des valeurs culturelles de la communauté. Huit *Funcos* ont été édifiés de part et d'autre du musée, et attribués aux familles les plus démunies. L'achat d'un autre terrain face à la mer est destiné à la réalisation d'une trentaine de petites maisons traditionnelles pour les jeunes filles du groupe de danse *Batuque* et pour les touristes.

"Le musée sert à la fois pour l'éducation des enfants des Rabelados et de lieu de découverte d'une culture injustement délaissée, bafouée et reniée, avec laquelle les Capverdiens ont aussi besoin de renouer," fait remarquer Misa. Tout est valorisé. La continuité existe bel et bien à travers ces jeunes. Autrefois opprimés, les Rabelados ont gagné leur liberté grâce au Rabel'Art.

Une harmonie en cohérence avec les lieux

En dépit de quelques divergences politiques liées au changement, la plupart des Rabelados se sont rassemblés à l'initiative de Nhô Agostinho, à Espinho Branco. Aussi bien dans un esprit de "*djunta mô*, de meilleure cohésion du groupe et de conservation des habitudes, que dans l'optique de résoudre le problème du manque d'eau et du déplacement des plus âgés pour la lecture biblique en fin de semaine. Sans oublier la perspective de la fin du monde annoncée en 2000 !

À l'exception des anciens de plus de 50 ans, tous sont aujourd'hui alphabétisés. Les Autorités ont accepté de délivrer des cartes d'identité avec leur nom, mais sans inscrire celui des parents trop habitués à s'appeler "Rabelados, fils de Notre Seigneur Jésus-Christ". Certains disposent aussi de leur permis de conduire.

S'ils continuent à pratiquer la médecine traditionnelle, ils font appel aux services hospitaliers depuis le fléau de choléra en 1995. Les Rabelados sont entrés dans un processus de réconciliation avec l'Eglise, affirme le Padre Constantine qui célèbre les baptêmes de leurs enfants depuis 1984. "Comme tous savent lire, ils ont réussi à condenser leurs rituels pour aller de l'avant, indique Misa. Un groupe vient de se créer pour chanter les *ladaïnhas*." Le concept d'aménagement intérieur du *Funco* s'est modernisé et compartimenté (salon, chambres et sol cimenté). Aujourd'hui, le chef Tchétcho s'affirme comme un leader différent et respecté. Tout en restant fidèle à la Foi des Rabelados, il assume le défi de la mondialisation et réussit à maintenir l'équilibre entre les générations.

Son rôle de coordonnateur économique de la communauté contribue à maintenir son pouvoir de chef. Ainsi pour tout tableau vendu, chaque peintre doit reverser 500 escudos dans la caisse commune gérée par Tchétcho. "La société de consommation constitue un phénomène normal, c'est la parole qui contamine l'homme, estime-t-il. Il ne condamne pas le monde extérieur. Pour preuve, certains sortent de la communauté pour chercher du travail. Compte tenu de leur niveau actuel d'études, il s'agit principalement de métiers du secteur de la construction civile. Plus de cinquante jeunes sont aussi partis dans l'île de Boa Vista.

"Ceux qui vont plus loin, au Portugal ou aux Etats-Unis, ne doivent pas oublier la communauté ni le respect des règles communes, explique le jeune chef. Ils peuvent commander une *ladaïnha* pour eux-mêmes et s'associer à la prière!" Sur le plan politique, les Rabelados prêchent l'indépendance sans chercher à distinguer les Partis. Toutefois, ils sont sensibles à la façon dont on les traite, et à titre individuel, ils peuvent voter selon leur conscience.

"Nous sommes les enfants des Rabelados, déclare Tchetcho. Les persécutions et les déportations subies sont encore dans nos mémoires. C'est à nous de prendre le relais des anciens et de préserver notre identité. Mais l'historienne Catarina Madeira s'inquiète : "Les Rabelados ont une identité vécue et non formulée. L'avenir ne les préoccupe pas à ce niveau. Mais du point de vue du chercheur, de quelle façon peuvent-ils survivre ?"

Les héritiers des Rabelados

Selon Kaka Barbosa, les Rabelados sont devenus des commerçants et des artistes. Ils utilisent les moyens de transport et le téléphone portable, accèdent à l'école et aux établissements de santé, etc. Seules leurs pratiques religieuses les distinguent des autres Capverdiens ! Inspirées des livres anciens, ces pratiques les ont aidés à forger leurs attitudes, leurs croyances et leur forme de vie. Elles constituent leur perception du monde. Mais les moyens de communication, TV, radio, vidéo, dont ils bénéficient aujord'hui, et qui les ont poussés à s'accorder plus ou moins avec le monde moderne, vont entraîner inévitablement une interprétation nouvelle voire une altération de ces croyances, fait valoir le député. Aucun être humain ne veut être dépassé par son temps !

Pour Maria de Lourdes Gonzalves, les Rabelados sont en train de faire le pont avec la société globale, et cette évolution génère des conflits entre les anciens plus conservateurs et les jeunes ouverts au changement. "Ce qui constitue leur base identitaire va se transformer, affirme la responsable du Musée de la *Tabanka*. Les jeunes ne vont pas abandonner la religion mais les pratiques qu'ils ont créées."

De l'avis d'Iva Cabral, le processus d'ouverture inéluctable s'est effectué plus rapidement grâce à Misa, et aucune force ne retient plus la nouvelle génération. Exceptée la foi, mais les jeunes ont la possibilité de l'emmener avec eux sans risque d'interdit ! Ils n'ont plus de raison de résister et vont réintégrer la société, se diluer et disparaître en tant que Rabelados. Ils vont montrer ce qu'ils ont su conserver de leurs traditions et enrichir la culture capverdienne, devenir de grands artistes ou des historiens, augure l'écrivain.

Le professeur anthropologue Manuel Brito Semedo acquiesce. "Ils peuvent garder leur caractéristique individuelle mais pas de groupe, indique-t-il. C'est le contexte social et politique qui a forgé la communauté. Ils ont développé une protestation mutuelle et nécessaire pour leur survivance à cause de cette situation difficile. Aujourd'hui, il n'y a plus de raison de continuer sous cette forme.

L'anthropologue Orlando Borja salue lui aussi, leur talent de négociateur, la participation à des expositions et la vente des produits sur le marché. "C'est une vraie transformation où l'on passe d'une communauté conservatrice à une société qui commerce et vit de sa culture," esquisse-t-il. Quant à Misa, il est persuadé que son intervention solidaire a constitué aussi pour elle, une recherche de sa propre identité et un parcours pour la renforcer comme Capverdienne. Elle s'est passionnée pour un passé culturel et historique qu'elle valorise et auquel elle s'identifie. "C'est tout le contraire d'un mépris des Rabelados, ponctue l'anthropologue !

Les principes politiques de l'insertion

Dès lors que les Rabelados rentrent dans le rang sans renier leur culture, que ce soit en termes de scolarité, d'insertion administrative ou sanitaire, l'artiste Misa a réussi là où tous les autres ont échoué, reconnaît Joao do Rosario. Comme toute organisation non gouvernementale (ONG), dont le financement s'avère essentiellement privé, elle a analysé leur besoin économique et sanitaire. Elle leur a appris à peindre, donc elle les a intégrés dans la vie collective en créant un système commercial en dehors de leur milieu. Elle représente une aubaine pour le Gouvernement, mais aussi le bourreau du système d'auto-exclusion des Rabelados !

Partant du principe que lutter pour la pauvreté revient à combattre le phénomène d'exclusion sociale, chaque Parti politique dispose globalement d'un cahier des charges pour insérer les pauvres. Il s'agit d'abord d'un effort d'éducation entrepris depuis l'Indépendance du pays. Le député rappelle qu'aujourd'hui le Cap-Vert compte 56 lycées contre 2 en 1975. C'est aussi l'effort pour acheminer l'eau et l'électricité, réaliser l'assainissement de base et la formation professionnelle. C'est exactement ce que Misa a fait pour les Rabelados !

L'autre cheminement, on l'a vu, c'est l'Association créée pour donner légalement des terres aux Rabelados dépourvus d'une identité, et qui peut bénéficier de fonds alloués par l'Etat. Ce dernier vient aussi de mettre en place une banque sociale avec des taux d'intérêts bas. "Tout cela fait partie d'un processus d'intégration," conclut le député.

De son côté, Misa cherche à répondre aux attaques dont elle fait l'objet : "On ne peut pas imaginer que les soi-disant descendants des Rabelados ressemblent éternellement à ceux du début. Tout comme l'eau de mer ou du fleuve, une communauté ne reste jamais au même endroit ! Donc, même si elle garde en mémoire toute la philosophie des Rabelados transmise dès la naissance à travers l'enseignement de la spiritualité, l'encadrement et l'intérêt pour son histoire, la nouvelle génération se révèle très perméable. Il n'est plus possible de considérer les enfants des Rabelados comme des rebelles ! Le besoin de résistance ou de ne pas accepter certaines activités niées dans le passé, a disparu. "La tradition est mise à jour dans un espace continu, favorable à l'interaction et au dialogue," ponctue l'artiste.

Joao do Rosario concède aux Rabelados la création d'une philosophie propre et unique. Mais il estime que, si la communauté a puisé dans la Bible sa capacité à résister, les vieux qui véhiculent cette philosophie, vont disparaître. À son avis, elle n'a pas d'avenir. La seule façon de garder cette spécificité, c'est effectivement de leur permettre d'intégrer le monde en promouvant le savoir-faire artisanal et la culture préservée. La force de Tchetcho aujourd'hui, réside dans sa gestion des ressources du groupe, assortie d'une garantie sociale de paix et d'honnêteté liée à sa foi. Dans cette logique, l'Etat a bien agi en leur donnant des terres pour valoriser leur passé de Capverdiens résistants, différent de celui des autres Capverdiens. "Peut-être même pourrait-on ajouter un volet spécifique sur les Rabelados dans l'histoire du Cap-Vert enseignée aux enfants," suggère le député !

En son temps, Nhô Agostinho a toujours dit qu'il appartient aux Capverdiens eux-mêmes de leur ôter ce nom de Rebelles injustement attribué. Ils ne sont pas Rabelados, mais Revelados pour garder la parole de Dieu. Ils revendiquent simplement l'errance de leurs parents qui constitue le propre de l'identité capverdienne. "Au contraire de ceux qui ont abandonné leurs valeurs sous la pression, ils représentent les authentiques Capverdiens, s'exclame Misa. Les Rabelados ont gardé une souche très pure du Capverdien d'antan. Leur conquête témoigne de l'ancestralité du Cap-Vert. Même les valeurs immatérielles sont là. Pour preuve ? "Je suis restée durant 23 ans à l'Etranger, argumente l'artiste. Et je sais défendre ma Capverdianité mieux que quiconque. L'utilisation d'un téléphone ou de la TV ne constitue pas un obstacle !"

Quant à Maria de Lourdes Gonzalves, elle estime que pour le Cap-Vert, l'analyse du phénomène des Rabelados s'avère décidément aussi complexe que de décrypter la boîte noire destinée à enregistrer toutes les informations liées au vol d'un avion !

CHAPITRE VIII

La portée patrimoniale et identitaire
Un acte de désaliénation culturelle

« Les traditions orales d'un peuple sont l'un des premiers indicateurs de son identité propre »

Tomé Varela da Silva

« Comprendre le métissage, c'est penser l'intermédiaire »

Serge Gruzinski

Une valeur patrimoniale contestée par l'élite capverdienne

"Aujourd'hui, beaucoup de ceux qui tissent le pagne traditionnel ont été formés chez les Rabelados," indique le peintre Manuel Figueira venu les rencontrer dans le cadre de sa contribution à La Découverte des Îles du Cap-Vert[64], et avec la volonté de réhabiliter les savoir-faire de l'artisanat local. À l'époque, il entre en contact avec Nhô Fernando. "Du fait de leur isolement, ils ont su préserver les techniques de fabrication des paniers, des pagnes et de tous les objets d'usage domestique. Mais leur artisanat ne présente pas de spécificité par rapport aux traditions de l'Île, conclut-il. Hormis l'architecture particulière de leurs maisons, c'est un travail légitime qui n'a rien à voir avec les Rabelados !"

À propos de leur production artistique, l'artiste plasticien et designer Leao Lopes, ancien Ministre de la Culture, parle d'une création contemporaine intéressante, mais qui n'a rien

---

[64] Voir Annexe II - Références bibliographiques.

à voir non plus avec la tradition ! Sur le plan anthropologique et sociologique ou culturel, il juge la démarche seulement d'intervention communautaire auprès des Rabelados. Autrement dit, il s'agit d'une conception légitime mais récente, pas d'une représentation traditionnelle de leur imaginaire. "Ce genre de peinture ne correspond pas à la tradition du Cap-Vert, insiste Leao Lopes. Rien n'empêche qu'il soit une référence plus tard, mais il a été introduit dans la communauté ! "Pour moi, la vraie expression des Rabelados, c'est leur refus de l'intégration politique et sociale, termine-t-il. C'est leur histoire !"

Aussi sceptique quant à la valorisation du travail artistique des Rabelados comme patrimoine du Cap-Vert, le député Kaka Barbosa estime que, si la religion constitue le fondement de leur communauté, les Rabelados doivent peindre des saints et des anges ! En d'autres termes, lui aussi ressent plus l'effet Misa dans leur expression, que leur propre inspiration.

De l'avis de Joao do Rosario, les jeunes vivent une phase primaire d'apprentissage à travers cette artiste, qui explique leurs dessins inspirés des contes et tournés vers les animaux. "En revanche, si Misa apporte aux Rabelados une nouvelle vision qui les intègre, elle arrête leur évolution et leur enlève leur passé," insiste le député !

Pour sa part, l'anthropologue Orlando Borja cherche à remettre les évènements dans leur contexte. L'histoire d'un pays équivaut à un puzzle constitué de toutes ses péripéties, déclare-t-il. Le peuple capverdien n'a pas opposé de résistance frontale au pouvoir colonial à l'instar des Rabelados, donc ces derniers n'évoquent pas l'histoire de la population, seulement l'une de ses composantes. Il rappelle que la construction de leur idée de liberté n'est pas méthodologique mais liée au contexte. "Les aspects marginaux d'une société participent à sa structuration au même titre que les grands évènements," soutient-il.

De son côté, l'anthropologue Gaudino Cardoso revient sur la valeur de la *Tabanka* qui symbolise la conservation du passé colonial capverdien et sa mémoire historique, un peu comme les Rabelados. "Mais si la manifestation de la *Tabanka* appartient au patrimoine du Cap-Vert, ces derniers font partie de l'histoire de ses habitants," nuance-t-il !

Dans le livre Au cœur de l'ethnie[65], l'anthropologue Jean-Pierre Dozon présente le peuple Bété comme le produit d'une histoire récente de la Côte d'Ivoire, au cours de laquelle de multiples facteurs administratifs, économiques et politiques se sont conjugués et ont élaboré son ethnicité. Il écrit aussi qu'en rassemblant les Bétés dans leur différence culturelle, le recours aux valeurs traditionnelles constitue une manière privilégiée de rappeler les linéaments de l'histoire, et que le sens de leur identité, bien loin de se perdre ou de s'enfermer dans le cadre ethnique, prend finalement une dimension proprement ivoirienne…

Dans Insularité et littérature aux îles du Cap-Vert[66], le philosophe Tomé Varela da Silva écrit en écho, que l'importance et la portée des traditions orales n'ont pas encore trouvé leur véritable dimension, ni chez la majorité des intellectuels capverdiens ni au niveau du Pouvoir institué. C'est ce qu'il déduit du peu d'intérêt que ces traditions ont suscitées avant et après l'Indépendance !

D'après Misa, les Rabelados ont réussi à préserver la manière de vivre des Capverdiens du XVIIe siècle. À l'heure actuelle, ils ne comptent plus que quelques noyaux dispersés. Si rien n'est engagé pour sauvegarder cet aspect du

---

[65] Voir Annexe II - Références bibliographiques.
[66] Voir Annexe II - Références bibliographiques.

patrimoine national, les vieux vont mourir, les jeunes vont partir et la communauté va disparaître comme beaucoup de cultures minoritaires ! "Les autres artistes formatés dans un parcours académique ont une attitude identique à celle des hommes politiques, se révolte-t-elle. La valeur artistique des Rabelados est loin d'être officialisée !"

Et pourtant, ces derniers ont conquis une reconnaissance très rapide à l'étranger. Leur production plaît partout aux touristes. Il est temps que le Cap-Vert et ses propres artistes admettent aussi cette nouveauté. Les Rabelados ont compris leur valeur et ils avancent sans crainte de la perdre. La foi les soutient. "Aujourd'hui, ils ont conquis leur identité et la barrière de l'ignorance a été abattue, ponctue Misa. L'histoire va faire le reste."

Une vision européocentrique du monde

On est en train d'inventer une tradition Rabelados, s'inquiète l'historienne Catarina Madeira. Eux ont créé leur propre tradition en s'autonomisant, et maintenant, on risque de figer ces pratiques en cherchant à les préserver. Autrefois, le nom Rabelados a revêtu plusieurs sens, parce que la société elle-même est vivante, s'altère et se transforme. Donc l'identité se reformule aussi. Aujourd'hui, on donne aux Rabelados une place que les intellectuels ne leur reconnaissent pas ! "En fait, l'élite refuse cette version de ses racines africaines, affirme l'historienne. Les Capverdiens sont plus proches d'une Africanité liée à la Guinée que des traditions revendiquées par cette communauté. Leur identité telle qu'elle s'est construite et continue de se construire aujourd'hui, marginalise le cas des Rabelados, parce que ces derniers évoquent un pan de cette identité qu'ils veulent occulter." En clair, la raison de la non intégration des Rabelados est purement émotive !

Toujours dans Insularité et littérature aux îles du Cap-Vert, Tomé Varela da Silva explique les raisons de cette situation. À travers la scolarisation, l'emploi officiel et les fonctionnaires publics, la colonisation a profondément consolidé l'acculturation dans l'esprit de nombreux Capverdiens, écrit le philosophe. Et cette politique d'aliénation n'a pas pris fin avec l'Indépendance !

D'après Iva Cabral, l'identité capverdienne connue a été définie et transmise par l'élite capverdienne blanche du début de la colonisation, et toute l'élite métisse ou noire qui a suivi, se retrouve dans cette première catégorie. Pendant longtemps, le pouvoir local a incarné cette identité, poursuit l'écrivain en précisant que le Cap-Vert constitue un pays culturellement et politiquement métissé, parce qu'il a toujours gardé une vision européenne du Pouvoir. Dès 1460, deux institutions européennes ont débarqué dans l'Archipel : l'Eglise et le Conseil municipal représentant la démocratie. Contrairement aux pays d'Afrique, cela signifie que l'élite - même si elle ne constitue qu'une oligarchie - a acquis l'habitude d'un changement de pouvoir et la compréhension des mécanismes d'élection, dès l'origine. Ici, il convient de différencier le peuple, souligne Iva Cabral. D'abord parce que ce dernier a été composé d'esclaves, puis d'esclaves libérés mais dépourvus de droit, et enfin de *rendeiros*[67]. En d'autres termes, le peuple capverdien n'a jamais eu la possibilité de participer au pouvoir, aussi bien pendant la colonisation qu'après l'Indépendance. "Parce que le Cap-Vert a été une société esclavocrate, l'élite capverdienne a conservé longtemps une vision du Badiù de l'intérieur comme quelqu'un d'une autre culture, poursuit l'écrivain. Pas seulement du point de vue de l'argent mais aussi de la couleur !" Du reste, la littérature des *Claridosos*[68] - les Blancs

---

[67] Fermiers ou contractants sans terre.
[68] Mouvement d'émancipation culturelle, sociale et politique, issu de la nouvelle bourgeoisie libérale du XIXe siècle.

du pays - fait ressortir la découverte d'une culture un peu différente, en train de résister et de revendiquer ses racines africaines dans la clandestinité !

"Amilcar Cabral a compris sans ambiguïté sa position d'Africain, intervient le sociologue Camilo Leitao da Graça en rappelant que cette culture "de l'ombre" a servi de détonateur au mouvement de libération nationale. Il a su créer la rupture par rapport à cette vision européocentriste !"

Chez l'élite, reprend Iva Cabral, le métissage de couleur existe dès le commencement du peuplement, à travers une politique de "blanchissement" des familles. On est Métis surtout par le père. La noirceur et l'esclavage viennent de la mère. Alors même si on est Noir, on est culturellement métissé, et surtout si on possède un peu de pouvoir, on tente d'oublier cette ombre pesante ! Dans l'inconscient, on peut dire aussi que l'Europe symbolise l'argent et l'allégresse, tandis que l'Afrique réveille la douleur, la misère et l'exploitation.

Dans cette logique, alors qu'il aspire à devenir un Blanc de la terre, le Badiù de l'intérieur de Santiago matérialise cette ombre. Quant aux Rabelados qui ont conservé leur culture et résisté jusqu'à nos jours, ils s'avèrent pire que l'ombre puisqu'ils ont rejeté aussi les Blancs de terre ! Pour autant, Iva Cabral ne pense pas que le peuple capverdien doive revendiquer son Africanité. "Ce rejet inconscient et ancestral de l'Afrique est en train de disparaître, affirme l'écrivain. Aujourd'hui, les jeunes ont acquis cette fierté de leur identité. Nous avons une culture unique avec un apport africain et européen," conclut-elle.

Un maillon de la Capverdianité

L'assimilation de l'Atlantique à l'Europe fait partie des mythes d'une certaine classe politique au Cap-Vert, confirme Elisa Andrade, à l'unisson d'Iva Cabral. Mais pour définir la

Capverdianité, l'historienne entend une expression régionale de l'Africanité, ou mieux un particularisme africain au même titre que la Corse constitue une spécificité française.

Pour l'avocat et député David Hopffer Almada, l'identité capverdienne et la Capverdianité doivent s'appréhender comme une invention permanente. "Il est clair que les Capverdiens constituent le premier peuple créole du monde, souligne-t-il. Nous jouissons d'une civilisation occidentale chrétienne et de valeurs culturelles mélangées à nos racines africaines." Surtout à Santiago ! En effet, ce sont des Européens et des Africains qui ont constitué les premiers habitants de l'Île. Alors que le reste de l'Archipel a été peuplé plus tard, par des Capverdiens partis d'ici ! "La revendication de l'Africanité n'implique pas celle de l'Afrique mythique, éthiopienne et biblique, écrit l'avocat dans Insularité et littérature aux îles du Cap-Vert[69]. Elle ne se limite pas non plus à de simples recours aux origines culturelles, mais à l'approfondissement de la souveraineté nationale et à une intégration déterminée pour des raisons fondamentalement géopolitiques et économiques, dans le Continent africain." Il n'est pas non plus question de discuter des liens entre le Portugal et le Cap-Vert ni entre les Portugais et les Capverdiens, déclare encore David Hopffer Almada. Notre culture est en grande partie tributaire de la culture européenne et 90 % de notre langue créole dérivent de la langue portugaise. Il en va de même de nos habitudes alimentaires, de nos lectures ou de notre comportement, nous nous ressemblons beaucoup." En outre, les Capverdiens sont en grande partie formés au Portugal. Quant au domaine juridique et légal, il s'inspire grandement du modèle portugais !

"Sans aucun doute, nous sommes différents de l'Afrique car nous avons une culture principalement catholique et

---

[69] Voir Annexe II - Références bibliographiques.

métisse qui s'est créée ici, reconnaît Iva Cabral. De fait, nous sommes plus Européens que les Brésiliens et les Cubains, les Haïtiens et même les Noirs américains, parce que là-bas, l'esclavage s'est poursuivi jusqu'à la fin du XIXe siècle, et donc la culture africaine a continué à survivre !

L'historien et chercheur Michel Cahen partage ce point de vue et tord le coup au mythe puissant du métissage à l'origine de l'identité actuelle de l'Archipel. "Les Capverdiens ne sont pas des Métis de Portugais et d'Africains, mais des Métis fils de Métis depuis le XVIIe siècle, retient-il. Il s'agit d'une société métisse et non pas métissée."

Selon l'historien Moyacir Rodrigues, la couleur constitue un faux débat. "Notre mentalité est créole, affirme-t-il. Nous sommes des Métis avec une mentalité différente, ni africaine, ni portugaise." Egalement intervenant dans Insularité et littérature aux îles du Cap-Vert, le sociologue Claudio Alves Furtado résume ainsi la problématique : la société capverdienne s'est formée dans un contexte colonial, c'est-à-dire en présence d'une relation inégale en termes de pouvoir. Donc, elle est le fruit d'une imposition. D'une certaine manière, la construction de la Capverdianité est aussi la résultante de ce processus dialectique, conflictuel et de corrélation de forces inégales entre le colonisateur et les peuples africains transplantés !

En accord avec cette interprétation, le député Kaka Barbosa perçoit un cadre de société constamment en implosion pour faire émerger un nouveau nationalisme, voire même un type différent de relation entre les peuples des îles de l'Archipel. Pour lui, le Cap-Vert va continuer à fonctionner comme un laboratoire pendant une centaine d'années, avant de devenir une nation vraiment paisible, comme la Suisse par exemple.

De son côté, la professeur d'histoire Dulce Almada Duarte[70] est convaincue que "le Métis du Cap-Vert n'a jamais été un homme partagé entre deux cultures ni en quête d'une patrie". Toutefois, il semble que l'île de Santiago soit perçue comme plus africaine, moins métissée et donc, comme une version incomplète de la représentation idéale que se font les intellectuels de la Capverdianité !

D'un point de vue sociologique, le diplomate Onésime Silveira conserve l'idée d'un mélange hétérogène à l'origine de la Capverdianité, avec des composants de force inégale. "Il existe des aspects culturels où le Métis s'approche plus du Blanc que du Noir et inversement, commente-t-il. In fine, il convient de constater ce qui est prépondérant au cas par cas !" S'agissant des Rabelados, l'homme politique considère ce phénomène sorti de la religion catholique comme une exception et un aspect essentiel de la Capverdianité, permettant d'appréhender plus profondément la rencontre coloniale et l'histoire du pays.

"Tout le monde est convaincu de son africanité, mais personne ne la met en pratique, persévère l'artiste Misa. Les Rabelados, eux l'ont assumée. Ils sont les seuls à revendiquer leur descendance des Africains venus de Guinée !"

De son côté, Joao do Rosario avance une autre raison historique pour laquelle les Capverdiens rejettent l'Afrique : les Portugais ont toujours cherché à diviser pour mieux régner. On l'a vu dans le cadre du commerce des esclaves, avec le placement des Capverdiens dans la hiérarchie administrative du Continent, mais aussi avec la mobilisation de la population contre les Rabelados. Aujourd'hui, avec la notoriété économique et le pouvoir de choisir, les Capverdiens vont revenir vers leurs racines, assure le député.

---

[70] Propos repris lors du Colloque sur les 25 ans de l'Archipel. Voir aussi Annexe II - Références bibliographiques.

Le Cap-Vert forme une société dynamique avec une double force qui l'attire à la fois vers l'Afrique et plus intensément vers l'Europe. Les seuls représentants de l'Afrique profonde, ce sont les Rabelados. Ils ont vécu dans un monde clos, opposant une résistance non pas de métissage - ils sont Capverdiens - mais africaine, c'est-à-dire à la fois contre les colons portugais et les Capverdiens. Aujourd'hui, ils incarnent l'âme de l'Afrique et un autre regard sur le Cap-Vert. Belle revanche !

Epilogue

Dès mon premier voyage au Cap-Vert en 2005, j'ai été intriguée par la communauté des Rabelados et perplexe quant aux réactions de rejet, d'amusement ou d'incrédulité suscitées pas mes interrogations à leur sujet auprès des Capverdiens. C'est ainsi que je me suis lancée dans l'aventure de ce livre avec mon seul bagage de journaliste française et mon ignorance des langues créole et portugaise ! Mon objectif : comprendre un phénomène unique et marginal au regard de l'histoire du pays et qui pourtant déchaîne tant de passion.

Les Rabelados ne m'ont pas déçue. Ils m'ont amenée à aborder tous les aspects de la structuration de la société capverdienne, depuis la découverte de l'archipel jusqu'à nos jours. Ils m'ont aussi permis de comprendre et d'intégrer sa population à la fois légère et joyeuse, dure et grave, si proche de l'Afrique et tellement latine. En revanche, je n'ai pas trouvé de réponse unique à leur résistance, mais un cheminement dans le temps et des réactions qui apparaissent à des moments clés comme la caricature inverse de l'évolution de la société. Un peu comme le côté Face d'une pièce de monnaie pour la majorité des Capverdiens et un côté Pile pour ceux que l'on a considérés comme des Rabelados.

J'ai été troublée par les rencontres exceptionnelles qui marquent le début du peuplement du Cap-Vert et le *melting-pot* totalement abouti comparé aux Etats-Unis, qui en découle à la fois au niveau des hommes, des cultures et des religions. Touchée par le tournant économique du XVIIe siècle avec le repli du Cap-Vert sur lui-même, et par l'abandon des missionnaires qui ruine le diocèse au XIXe siecle. Frappée encore par le concours de circonstances des années 1940, avec le contexte de la seconde guerre mondiale, l'isolement voulu par Salazar par crainte de perdre ses colonies (Acte colonial), et le revirement de l'Eglise avec sa reprise en main (Vatican II).

Bien sûr, les Rabelados sont des Capverdiens. Ils ne constituent pas une ethnie puisque l'archipel est une terre vierge à l'arrivée des colons. Encore moins une secte, puisqu'ils n'ont pas cherché à se développer. Comme toute la population rurale, ils ont été confrontés aux conséquences d'une évangélisation succincte, à l'esclavage, aux problèmes agraires, de sécheresse et de famine, à l'injustice sociale, à l'absence de communication, de soins et d'administration de proximité, à l'analphabétisation, etc.

Mon ignorance de la langue du colonisateur ne m'a pas permise d'accéder aux archives portugaises qui, au demeurant, concernent essentiellement des rapports administratifs rédigés pour ne pas déplaire au régime de Salazar. Ce qui m'a manqué en revanche, ce sont les archives encore inexploitées de l'Eglise, tant celles du Séminaire-lycée de Sao Nicolau aujourd'hui transférées à l'Evêché de Praia, que celles nationales de l'Evêché de Praia proprement dites et de la paroisse de Santo Amaro Abade à Tarrafal de Santiago. Mais ces handicaps m'ont obligée à emprunter d'autres pistes de recherche plus ouvertes, également en France.

Rappelons que le cas des Rabelados se distingue par des traditions orales. Pour essayer de replacer les faits dans le contexte des différentes époques de la construction de la société, le livre est une suite de témoignages très divers, dont la convergence fait jaillir des idées force. Chaque événement, qu'il soit politique, religieux, économique, climatique, administratif, historique, géographique, a conforté le mouvement. La résistance des Rabelados a revêtu plusieurs sens en fonction de ces étapes. En témoigne la chronologie des chapitres du livre.

Toutes les justifications sont vraies mais échelonnées dans le temps ! "Du moins en science des sociétés humaines, il n'y a pas un porteur de vérité absolue, il y a des vérités qui se cherchent," a écrit le sociologue Georges Balandier. C'est bien la preuve que le mouvement s'est développé sans stratégie préconçue. Les trois écrivains ayant le mieux traduit cet état de fait, c'est Max Weber qui s'interdit de porter un jugement sur des évènements ou des acteurs sans les replacer dans leur contexte. C'est Serge Gruzinski lorsqu'il parle de la pensée métisse et des mondes mêlés. Et c'est Luis Romano qui relie pauvreté, religiosité, nature et fin des temps en vue d'un monde meilleur.

Dans cette logique, ce qui s'impose, ce sont les réactions communes à tous les peuples qui, dans le monde, ont été confrontés aux mêmes circonstances et en particulier à l'esclavage. Encore une fois, les Rabelados sont des Capverdiens. Et pourtant ils ont réagi au même passage de la Bible que d'autres communautés, dont les mouvements n'ont jamais été connectés. Reste beaucoup de pistes de recherche à exploiter. Rien n'est fermé.

F.Ascher

ANNEXE I

Définitions des pratiques religieuses traditionnelles des Rabelados et du milieu rural de l'île de Santiago

➢ **Batuque et Finaçon :** Le batuque témoigne d'une survivance du tam-tam légendaire africain, associé à la danse rituelle et au chant. Son rythme endiablé est produit par des femmes frappant en cadence sur des étoffes roulées en boule, recouvertes de plastique pour en augmenter l'impact, et maintenues entre leurs cuisses. Au centre du cercle ainsi formé, un danseur exécute des pas cadencés en alternant des mouvements violents du bas du corps, en même temps que s'accélèrent les battements de main. Cette musique de réjouissances accompagne les fêtes de la Tabanka, les mariages, les baptêmes, etc. Dans le Batuque, il convient de considérer également le finaçon (*finaçao*) présenté comme une déclamation de poèmes chantée par un soliste et accompagné de claquement de mains. Ce récital qui fait penser aux chansons des troubadours portugais, est écouté dans un silence quasi religieux et peut durer plusieurs heures.

➢ **Estaçao ou staçons :** Pratique religieuse réservée aux hommes, en signe de condoléances pour le repos des âmes. Lors d'un cortège funèbre, pour un baptême ou un mariage, elle consiste à marquer une pause à chaque emplacement de croix disséminées à la croisée des chemins.

➤ **Guarda Kabeça ou Septena et le Fazer Cristao :** Il s'agit d'un rituel de protection du nouveau-né contre les esprits maléfiques, littéralement "garder la tête", qui a lieu dans la maison des parents au cours de la nuit du sixième au septième jour de sa naissance. Ici, il convient de ne pas oublier l'absence de prêtre et le taux élevé de maladies infantiles durant plusieurs siècles. Pour éviter les effets maléfiques des *feticerus* (sorciers) et par crainte que le nouveau-né ne meure avant d'être baptisé, cette coutume veut que l'on place des ciseaux ouverts sous l'oreiller, que l'on plante plusieurs aiguilles dans le matelas, et que l'on cache une hache et des tessons de bouteille sous le lit. Comme le baptême constitue un viatique, on pratique ensuite le *Fazer Cristao*, une sorte de baptême laïc, sans prêtre mais faisant force de loi en cas de mort prématurée. Réalisée à la maison en présence des parents et des amis, cette mesure préventive consiste à renverser de l'eau de source sur la tête de l'enfant en invoquant son nom et en ajoutant : "Je te baptise au nom du Père, du Fils et du Saint-Esprit" (source Tomé Varela e Silva, Découverte des Îles du Cap-Vert, voir Annexe II-Références bibliographiques). L'animation se prolonge jusqu'à minuit, heure à laquelle les mauvais esprits rentrent chez eux et où l'enfant ne court plus le risque d'être "mangé" (attrapé) par les mauvais esprits.

➤ **Ladaïnha :** Les pratiques traditionnelles font couramment appel aux saints pour parvenir à Dieu. La ladaïnha consiste précisément à introduire symboliquement des saints - plus représentatifs que de pauvres pécheurs - pour intercéder auprès de Dieu et exaucer les vœux. La cérémonie à base de chants liturgiques est conduite par un laïc et dédiée à deux saints, le masculin et le féminin qui forment un couple et les témoins spirituels devant la divinité. Souvent répétitive et lancinante, la supplication se déroule à la lueur des bougies et des lampes à huile. Elle commence vers 20h environ et se termine à 5h du matin, avant le premier chant du coq. Une ladaïnha suppose un groupe de sept personnes minimum, dont le chef et trois conseillers. Il existe trois différents types d'incantation : celle de promesse ou supplication adressée à un saint afin d'exprimer sa reconnaissance pour un service rendu, celle pour les morts adultes ou enfants dite de salvation et pratiquée sans invités, et celle pour les anges toujours commémorée le jour de la fête du saint de dévotion. La ladaïnha des morts a lieu dans la maison du défunt et dure huit jours (Novena), parce que l'esprit du mort est censé rester chez lui tout ce temps. Les prières s'effectuent en trois temps, Allégresse, Douleur et Gloire. Les ladaïnhas de l'ange sont célébrées pour un enfant de moins de sept ans. Elles sont donc plus courtes puisque ce dernier porte en lui peu de péchés. En revanche, les Ladainhas de supplication sont les plus caractéristiques et conséquentes.

➤ **Novena :** Il s'agit d'une prière collective commencée à 20 h, réalisée à partir du jour suivant l'enterrement et qui continue jusqu'à la Vespera du 7e ou 8e jour. Ce dernier jour est aussi celui du démantèlement de l'autel réalisé à l'occasion de la Vespera. La durée de la prière varie en fonction des rituels et cantiques pratiqués, de la place du défunt dans la hiérarchie de la communauté, de l'assistance et du nombre plus ou moins important de chanteurs. Comparée à la Vespera, cette pratique requiert moins de connaissance religieuse et peut être réalisée en l'absence du maître de prière (*mestre de reza*), par une autre personne. Après la prière, sont déclamées les *Petiçoes Quotidianas* (questions quotidiennes) insérées dans le Relicario à la fin de chaque paragraphe, tandis que les chanteurs répètent en chœur "Ainsi soit-il". Une *suplica* termine la cérémonie, puis l'assistance récite deux ou trois Notre Père, Ave Maria et Gloire au Père, en hommage à l'âme du défunt.

➢ **Oras minguadu ou heures décroissantes :** Cette croyance correspond aux heures des esprits, donc les plus funestes et propices aux activités des puissances occultes. Dans la vie rurale, ces heures peu recommandables qui expriment aussi le pouvoir des forts sur les faibles (lancement des escadrons de la mort par les grands propriétaires), se situent à midi, à la tombée de la nuit, et à minuit. Elles témoignent de la conviction d'une certaine convivialité entre les êtres humains et les esprits malins, tous habitants de la terre.

➢ **Tabanka :** Cette tradition d'origine guinéenne constitue à la fois une fête culturelle et sociale, et une sorte d'association d'entraide mutuelle où les gens cotisent et aident la communauté. Assimilée aux saints populaires des mois de mai et juin (Santa Cruz le 3 mai, Santo Antonio le 13 juin, Sao João Baptista le 24 juin et Sao Pedro le 29 juin), la Tabanka mêle les pratiques religieuses et des manifestations de rue déroulées toujours avec le même rituel : préparation de la nourriture, messe, vol du Saint et du drapeau. Le tout au son répétitif et envoûtant des tambours portugais, du sifflet et des *buzios* (gros coquillages utilisés comme instrument de musique), et accompagné du *Batuque*. L'organisation d'une Tabanka comprend des personnages situés selon un ordre bien hiérarchisé (le gouverneur, le roi et la reine, le commandant et les soldats, le bourreau, le fou et les voleurs, etc). En fait, il s'agit d'une société imaginaire permettant aux esclaves opprimés d'exprimer lors de leur journée de liberté, leur résistance au système en place par la satire, faute de pouvoir agir sur le réel. En tentant de reproduire la symbolique de la société coloniale capverdienne comme une mascarade, cette manifestation revêt en même temps une dimension politique et philosophique. Dans "Le moulin et le pilon", le sociologue Nelson Cabral (voir Annexe II-Références bibliographiques) parle aussi d'une vision mystique de l'existence par une population pauvre vivant sous la protection et la crainte des dieux. La nomenclature de la Tabanka est issue de la société esclavagiste. Elle représente un mélange de fêtes populaires portugaises réinventées par les Noirs avec un apport traditionnel africain.

> **Vespera ou Reza :** Il s'agit de la veillée d'un défunt de plus 15 ans, qui débute à 20h à la lueur des bougies et se prolonge à minuit, par un repas avec poisson, haricots au lard, couscous, lait, café, etc. Il arrive qu'un bœuf, chèvre ou cochon soit abattu à cette occasion. Lorsque la famille est pauvre, les voisins apportent de grands plateaux chargés de pains ou de tout ce qu'ils peuvent offrir. L'essentiel étant l'abondance de nourriture. Cette pratique se déroule le 7e ou 8e jour, le 29e ou 30e jour et le 364e ou 365e jour après le décès, selon que le défunt est le chef de famille ou pas. Articulée autour du sacré et du profane, elle est destinée à accompagner le cheminement de l'âme et à la protéger pour les fautes commises. La prière s'effectue dans un mélange de latin, portugais et créole sous la direction du maître de prière (*mestre de reza*), une personne généralement très influente, d'un chanteur soliste maîtrisant bien les rituels et oraisons, et d'autres chanteurs pour les chœurs. C'est aussi le jour où les amis viennent présenter leurs condoléances à la famille. Le rituel obéit à des règles. Tous sont agenouillés sur les tapis qui couvrent le sol devant une table servant d'autel, les femmes en arrière-plan. Le maître de reza occupe la position centrale, les coudes sur la table et le *Relicario* en main. Autrefois offert par l'église, l'autel est accolé au mur dans le sens longitudinal et à équidistance des angles, ou orienté dans le sens transversal si le défunt est le chef de famille. Il est revêtu d'un drap blanc descendant jusqu'au sol pour les trois côtés visibles, tandis que le quatrième côté remonte sur le mur jusqu'à un mètre de hauteur. Ce panneau est orné de

couvertures aux couleurs vives et d'une pièce de tissu noir de la dimension d'une taie d'oreiller. Un crucifix (San Manel) et des chandeliers sont posés sur l'autel.

ANNEXE II

Références bibliographiques
Livres, Etudes et Thèses

Alberro - Solange Alberro, *Les voies du métissage*, Ed. EHESS (2002)

Almada - David Hopffer Almada, *Caboverdianidade e Tropicalismo*, Fundaçao Joaquim Nabuco, Ed. Massangana (1989)

Amselle - Jean-Loup Amselle et Elikia M'Bokolo, *Au cœur de l'ethnie, Ethnies, tribalisme et Etat en Afrique*, Ed. La Découverte Poche-Sciences humaines et sociales (mars 2005).

Andrade - Elisa Andrade, *Les îles du Cap-Vert, de la découverte à l'Indépendance nationale (1460-1975)*, Ed. L'Harmattan (2007)

Balandier - Georges Balandier, *Sociologie religieuse et folklore*, Paris 1970.

Balandier - Georges Balandier, *Le sacré par le détour des sociétés de la tradition*, Cahiers internationaux de sociologie, Ed. Les Presses universitaires de France (1996)

Barbe - André Barbe, *Les îles du Cap-Vert, De la découverte à nos jours*, Ed. L'Harmattan (2003)

Bastide - Roger Bastide, *Les problèmes de l'entrecroisement des civilisations et de leurs œuvres*, Traité de sociologie, tome II, Ed. PUF (1968)

Bastide - Roger Bastide, *Anthropologie appliquée*, Ed. Petite bibliothèque Payot (1971)

Bastide - Roger Bastide, *Eléments de sociologie religieuse*, Ed. Stock (1997)

Biegelaar, Henricus Joannes, *Quelque chose pour tout le monde : l'Église catholique apostolique romaine et l'esclavage : coup d'œil historique au profit de l'œuvre contre le trafic des esclaves en Afrique*, Ed. Institut Mander (1894)

Benoist - Joseph Roger de Benoist, *Histoire de l'Église catholique au Sénégal : Du milieu du XVe siècle à l'aube du troisième millénaire*. Ed. Karthala (2008)

Brasio - Padre Antonio Brasio, *Monumenta Missionara Africana* (1625), Lisboa, Agencia General do Ultramar (1968)

Brasio - Padre Antonio Brasio, *Descobrimento, Povoament, Evangelizaçao de Arquipelago de Cabo Verde*, Boletim Documental e de Cultura (1962)

Cabral - Amilcar Cabral : *Essai de biographie politique*, Ed. François Maspero (1980)

Cabral - Nelson Eurico Cabral, *Le moulin et le pilon, Les îles du Cap-Vert*, Ed. L'harmattan (1980)

Carreira - Antonio Carreira, *Cabo Verde : formaçao e extinçao de uma sociedade escravocrata* - 1460-1878, Ed. IPC (1983)

Cahen - Michel Cahen, *Ethnicité politique. Pour une lecture réaliste de l'identité*, Ed. L'Harmattan (1994)

Cahen - Michel Cahen, *L'Afrique lusophone ou le nationalisme paradoxal*, Centre d'étude d'Afrique noire, Institut d'études politiques (2000)

Cerrone - Frederico Cerrone, *Historia da Igreja de Cabo Verde*, Subsidios (1983)

Chery - H.-Ch Chery, *L'offensive des sectes*, Ed. Le Cerf (1954)

Civezza - Marcellino da Civezza, *Missioni Francescane*, Vol. VI, Tipografia di R. Guasti, (1881)

Colloque *Cap-Vert - 25 ans, 20-21 octobre 2000*, propos de Dulce Almada Duarte repris par Dominique Lecomte de l'Union Européenne, EDPAL, Université Rennes 2 (2000)

Découvertes des Îles du Cap-Vert, Archives historiques nationales, sous la direction de José Maria Almeida, AHN Praia - Sepia Paris (1998)

Dozon - Jean-Pierre Dozon, *La Société bété : ethnicité et histoire*, Ed. Karthala (1985)

Les églises chrétiennes et la décolonisation, Ed. Armand Colin, Cahiers de la FNSP (1967)

Enders - Armelle Enders, *Histoire de l'Afrique lusophone*, Ed. Chandeigne (2007)

Fanon - Frantz Fanon, *Peau noire, masques blancs*, Ed. Seuil (1952)

Freyre - Gilberto Freyre, *Maîtres et esclaves*, Ed. Gallimard (1974)

Furtado - André Furtado, *Os Rabelados da ilha de Santiago no periodo pos-independencia*, curso basico de ciensias sociais, monografia (1989)

Georgel - Jacques Georgel, *Le salazarisme, Histoire et bilan 1926-1974*, préface de Mario Soares. Editions Cujas (1982)

Gomes - José Tavarès, *Historia a Terra e as Gentes*, Tarrafal (1989)

Gonçalves - Maria de Lourdes Silva Gonçalves, *Os Rabelados de Santiago - Espinho Branco e Bacio : entre o mito de folclorizaçao e a (re)formulaçao identitaria, dissertaçao de mestrado*, UNICV (2009)

Gonçalves - Nuno da Silva Gonçalves, *Os Jesuitas e a missao de Cabo Verde (1604-1642)*, Broteria (1996)

Gruzinski - Serge Gruzinski, *Les mondes mêlés de la monarchie catholique et autres connected histories*, CNRS/EHESS, Annales (2001)

Gruzinski - Serge Gruzinski, *La pensée métisse*, Ed. Fayard (2007)

Haydara - Abou Haydara, *L'envers de l'épopée portugaise en Afrique (XVe-XXe siècles)*, Ed. L'harmattan (2007)

Historia general de Cabo Verde, Vols. 1,2 e 3, Maria Emília Santos Madeira (Compilateur), António Correia e Silva, Ilido Baleno, Iva Maria Cabral, Ed. IICT (Lisboa) et DGPC (Praia), 1991-1995

Historia Missionum, Ordinis Fratum Minorum, tome II Africa, Secretariatus missionum (1967)

Hobsbawm - Eric Hobsbawm et Terence Ranger, *L'invention de la tradition*, Ed. Amsterdam (2006)

Insularité et littérature aux îles du Cap-Vert, sous la direction de Manuel Veiga, Ed. Karthala (1997)

Kempis - Thomas a Kempis, *L'imitation de Jésus-Christ*, traduit du latin par Félicité de Lamennais, Ed. du Seuil (1961)

Landim - José Jorge Viriato Mendes Landim, *Os Rabelados do Concelho de S. Miguel, Que futuro ?* Publication ISE (1999)

Lesourd - Michel lesourd, *Etat et société aux Îles du Cap-Vert*, Ed. Karthala (1995)

Levi-Strauss - Claude Levi-Strauss, *Racisme devant la science*, Collectif, Ed. Unesco-Gallimard, Paris (1973)

Levi Strauss - Claude Levi Strauss, *Le syncrétisme religieux d'un village Mogh du territoire de Chittagong*, Revue de l'histoire des religions (1952)

Levi Strauss Claude Levi Strauss, *Tristes Tropiques*, Ed. Pocket (2008)

Lobban - Richard Lobban, *Historical Dictionary of the republic of Cape Verde*, Ed. Lavoisier Librairie et The Scarecrow press, (1979), (1988) et (1995)

Loude - Jean-Yves Loude, *Cap-Vert - Notes atlantiques*, Coédition Babel, Actes Sud (2002)

Madeira - Catarina Madeira, maître de conférences, *Le Portugal, l'Atlantique et l'Océan indien : singularités d'une colonisation de longue durée, XVe-XXe siècle*, Séminaire EHESS (2008)

Maia-Bessa - Katia Maia-Bessa, *Recherches sur les différents aspects du syncrétisme religieux dans la lusitanie romaine*, thèse de doctorat, Université Paris IV (1999)

Manya - Judith Manya, *Une Application de la Politique de Salazar : La colonie pénale de Tarrafal au Cap-Vert (1936-1956)*, Université Toulouse-Le Mirail (1995)

Marques - A.H. de Oliveira Marques, *Histoire du Portugal et de son empire colonial*, Ed. Karthala (2001)

Massa - Françoise et Jean-Michel Massa, *Dictionnaire encyclopédique et bilingue*.Vol.3, EDPAL

Massa - Françoise et Jean-Michel Massa, *Les Iles Atlantiques : réalités et imaginaire*, Université de Rennes 2

Mendes - Antonio de Almeida Mendes, *Le rôle de l'Inquisition en Guinée*, revista Lusofona de Ciencia das Religioes (2004)

Monteiro - Julio Monteiro, *Os Rebelados da Ilha de Santiago, de Cabo Verde, Elementos para o estudo socio-religioso de uma comunidade*, Centro de Estudos de Cabo Verde, Sociedad Industrial Grafica (1974)

Perez - Avner Perez, *Marranes, nouveaux-chrétiens et juifs du Portugal en Guinée et dans les îles du Cap-Vert, XVe-XXe siècle*, O Patrimonio judaico portugues, Lisboa (1998)

Proença - Carlos Sangreman Proença, *L'exclusion sociale au Cap-Vert, Une approche préliminaire (Septembre 2004 à avril 2005)*, Documents de travail N ° 76, CESA, Lisboa (2009)

Robert - Ricard Robert, *L'Histoire morale et religieuse du Portugal*, Fondation Calouste Gulbenkian, centre culturel portugais (1970)

Romano - Luis Romano, *Famintos* (1962), Ethiopiques n°27 (Pierrette et Gérard Chalendar), revue socialiste de culture négro-africaine (1981)

Semedo - José Maria Semedo et Maria R. Turano, Cabo Verde, *O ciclio ritual das festividades da Tabanca*, Ed. Spleen (1997)

Semedo - Manuel Brito Semedo, *A construçao da identidade nacional entre 1877-1975*, Lisboa (2003)

Sorgial - Pierre Sorgial, *Guide des îles du Cap-Vert*, Ed. Karthala (1998)

Sorgial - Pierre Sorgial, *Les Îles du Cap-Vert d'Hier... et d'Aujourd'hui*, Ed. Pierre Sorgial (1995)

Spinola - Danny Spinola, *Evocaçoes*, Vol.1, essai (2004)

Sobrero - Alberto M. Sobrero, *Hora de bai - Rabelados e Tabanka*, Ed. Argo (1998)

Symposium *Pour Cabral, Praia, 17 au 20 janvier 1983*, avec Dulce Almada Duarte, Présence Africaine (1987)

La traitre négrière du XV au XIXe siècle, Collectif, Unesco (1979)

Walker - Clarence-E Walker, *L'impossible retour : À propos de l'Afrocentrisme* ; Ed. Kartalha (2004)

Weber - Max Weber, *Sociologie des religions*, Ed. Gallimard (1996)

Reportages audio et vidéo

Cabral - Mario Benvindo Cabral, réalisateur, *Révélation des Rabelados*, DVD (2008)

Ce soir ou jamais, France 3 TV, *100 ans de Claude Lévy-Strauss*, DVD (27 novembre 2008)

Corpus Christi, *L'Intégrale (Corpus Christi, Origine du christianisme, Apocalypse)*, 12 DVD, trois livrets et entretiens filmés avec Jérôme Prieur et Gérard Mordillat, coédition Arte vidéo et Archipel 33 (2008)

Deus - Soraia Ramos de Deus, Agencia Caboverdiana de Imagens, reportage *Espinho Branco*, DVD (2007)

Echappées belles, France 5 TV, 65 mn, DVD (5 septembre 2007)

Fernandes - Ana Fernandes, Maria de Luz Neves, Danny Spinola, reportage *Kutura*, DVD TCV

Loude - Jean-Yves Loude, Radio-France, *France Culture*-2 mai 1999 et Juin 2008, réalisation Marie-André Armino

Maria Isabel Alves dit Misa, Association Abi Djan, *Canticos sagrados de Cabo Verde - A litania dos Rabelados*, CD (2004)

Rocha - Ana Rocha, *Rabelados : die gewaltlosen Rebellen der Kapverdischen Inseln*, avec Fernandez et Torsten Trusheit, DVD (2000)

Rebelados, *No Fim dos Tempos*, script de film, Jorge Murteira, Aidio Vivais CRL, DVD (Juin 2001)

Salomon - Levy Salomon, reportage, production *Radio TV Portugaise* (RTP) 2007

Spinola - Danny Spinola, reportage *Arte e Cultura, Los Rabelados de Ilha de Santiago*, DVD

Spinola - Danny Spinola, *Finasson di Konbersu, Los Rabelados de Ilha de Santiago*, DVD

Revues et journaux compulsés

ArtiLettre Journal

A Semana

Cahiers internationaux de sociologie

Cahiers lusophones (France) - Latitudes

Claridade

Cultura

Fragata

Pré-Textos

Raizes

Présence Africaine

Revue d'ethnologie *terrain*

Revue française Sciences Po.

Bibliothèques et Institutions consultées

Alliance Française, Mindelo

Archives nationales, Praia

Bibliothèque municipale, Mindelo

Bibliothèque nationale, Praia

Bibliothèque nationale de France (BNF), zone chercheurs, Paris

Centre culturel français, Mindelo

Centre culturel portugais, Mindelo

Congrégation du Saint-Esprit, Archives, Chevilly-Larue (94), France

Ecole des hautes études en sciences sociales (EHESS), Paris

Fondation Calouste Gulbenkian, Centre culturel portugais, Paris

Fraternité des Capucins, Archives des Frères Franciscains, Paris

Institut Camoes, Praia

Institut de science et de théologie des religions (ISTR), Faculté de théologie, Paris

Institut supérieur de l'éducation (ISE), Praia

Unesco, Archives, Paris

Table des matières

Remerciements 7

Préface 11

Les témoignages recueillis 15

CHAPITRE I
Les années 1941-1961
Mise à jour du phénomène Rabelados 23
Les faits 23
Une conjoncture politique assimilée à celle du Portugal . 24
Les résonances dans l'Archipel 27
Une révolte a priori religieuse 29
La nécessaire rupture sociale 31
Un problème pastoral non résolu 33

CHAPITRE II
Les années 1456-1940
Des origines *Badiu* 37
La première société esclavagiste et créole du monde moderne 37
Une politique de peuplement fructueuse jusqu'à la fin du XVIe siècle 39
Un conflit agraire historique entretenu par les famines récurrentes 41
Une classe d'esclaves libres nommés Badiù 43
Le rôle idéologique de l'Eglise au service de l'intérêt économique 44
Un processus d'acculturation lié à l'évangélisation 46
Un diocèse en autogestion 48

Chapitre III
Interprétation des faits
La reconstruction d'une identité 53
- Une collision entre trois logiques spécifiques...................53
- La religion comme fondement de la résistance...............55
- Des catéchistes se substituent aux prêtres de terre...........57
- La construction d'un réseau de groupes solidaires 59
- Une conviction partagée pour incarner le rôle du chef....61
- Un patrimoine religieux rempli de superstition................62
- L'invention d'un mode de vie pour reconstruire une identité culturelle..................64
- Un Rituel en relation directe avec Dieu 67

Chapitre IV
De 1961 aux années 1990
Une résistance au changement 71
- Max Weber 71
- Amilcar Cabral 71
- Le PAIGC ou la réafricanisation des esprits 71
- Un combat en apparence pour la même cause................73
- Des témoignages controversés sur la résistance politique 75
- Un phénomène d'auto-exclusion uniquement ? 78

Chapitre V
Interprétation des pratiques religieuses
Un métissage des croyances et des rites 83
- Un processus d'hybridation religieuse........................83
- Un archaïsme essentiellement syncrétique....................85
- Le savoir initiatique des chefs...........................88
- La formalisation d'une tradition inventée..................89
- L'influence probable des missionnaires protestants........93
- L'expérience d'Alvaro Barbosa Andrade 96
- Un cas unique au Cap-Vert mais pas dans le monde.......97

CHAPITRE VI
**Analyse anthropologique socioculturelle
Des racines négro-africaines** **101**
   Un parallèle avec d'autres groupes sociaux..................... 101
   Un patrimoine immatériel commun à tous les pays liés
   au commerce des esclaves 104
   Une interprétation religieuse qui fait obstacle à la
   modernité... 105
   Un risque de cristallisation autour du chef 108
   Des clés pour une intégration dans la société................ 111

CHAPITRE VII
**L'inscription dans la modernité
L'héritage des Rabelados** **123**
   Perpétuer la mémoire des anciens.................................... 123
   L'expression d'un Art populaire singulier...................... 126
   Le premier village artisanal du Cap-Vert........................ 128
   Une harmonie en cohérence avec les lieux 130
   Les héritiers des Rabelados 132
   Les principes politiques de l'insertion 133

CHAPITRE VIII
**La portée patrimoniale et identitaire
Un acte de désaliénation culturelle** **137**
   Une valeur patrimoniale contestée par l'élite
   capverdienne.. 137
   Une vision européocentrique du monde........................ 140
   Un maillon de la Capverdianité 142

Epilogue **147**

ANNEXE I
Définitions des pratiques religieuses traditionnelles
des Rabelados et du milieu rural de l'île de Santiago........... 151

ANNEXE II
Références bibliographiques
Livres, Etudes et Thèses 157
    Reportages audio et vidéo 162
    Revues et journaux compulsés.. 163
    Bibliothèques et Institutions consultées........................ 164

L'Harmattan, Italia
Via Degli Artisti 15 ; 10124 Torino

L'Harmattan Hongrie
Könyvesbolt ; Kossuth L. u. 14-16
1053 Budapest

L'Harmattan Burkina Faso
Rue 15.167 Route du Pô Patte d'oie
12 BP 226
Ouagadougou 12
(00226) 76 59 79 86

Espace L'Harmattan Kinshasa
Faculté des Sciences Sociales,
Politiques et Administratives
BP243, KIN XI ; Université de Kinshasa

L'Harmattan Guinée
Almamya Rue KA 028
En face du restaurant le cèdre
OKB agency BP 3470 Conakry
(00224) 60 20 85 08
harmattanguinee@yahoo.fr

L'Harmattan Côte d'Ivoire
M. Etien N'dah Ahmon
Résidence Karl / cité des arts
Abidjan-Cocody 03 BP 1588 Abidjan 03
(00225) 05 77 87 31

L'Harmattan Mauritanie
Espace El Kettab du livre francophone
N° 472 avenue Palais des Congrès
BP 316 Nouakchott
(00222) 63 25 980

L'Harmattan Cameroun
Immeuble Olympia face à la Camair
BP 11486 Yaoundé
(237) 458.67.00/976.61.66
harmattancam@yahoo.fr

L'Harmattan Sénégal
« Villa Rose », rue de Diourbel X G, Point E
BP 45034 Dakar FANN
(00221) 33 825 98 58 / 77 242 25 08
senharmattan@gmail.com

647487 - Avril 2016
Achevé d'imprimer par